中国支付清算

2021 年第 4 辑　总第 12 辑

中国支付清算协会◎编

中国金融出版社

责任编辑：黄海清
责任校对：李俊英
责任印制：张也男

图书在版编目（CIP）数据

中国支付清算．2021 年．第 4 辑/中国支付清算协会编．—北京：中国金融出版社，2022. 2
ISBN 978 - 7 - 5220 - 1491 - 3

Ⅰ. ①中…　Ⅱ. ①中…　Ⅲ. ①支付方式—研究报告—中国—2021 ②货币结算—研究报告—中国—2021　Ⅳ. ①F832. 6

中国版本图书馆 CIP 数据核字（2022）第 016804 号

中国支付清算．2021 年．第 4 辑
ZHONGGUO ZHIFU QINGSUAN. 2021 NIAN. DI-4 JI
出版
发行　中国金融出版社
社址　北京市丰台区益泽路 2 号
市场开发部　（010）66024766，63805472，63439533（传真）
网 上 书 店　www. cfph. cn
（010）66024766，63372837（传真）
读者服务部　（010）66070833，62568380
邮编　100071
经销　新华书店
印刷　河北松源印刷有限公司
尺寸　185 毫米×260 毫米
印张　12
字数　240 千
版次　2022 年 2 月第 1 版
印次　2022 年 2 月第 1 次印刷
定价　40. 00 元
ISBN 978 - 7 - 5220 - 1491 - 3
如出现印装错误本社负责调换　联系电话（010）63263947

声　明

向《中国支付清算》投稿即视为授权本书将稿件纳入本书确定的相关学术资源数据库和网站、微信公众号，包括但不限于中国支付清算协会官方网站（http：//www. pcac. org. cn）和微信公众号（“中国支付清算协会”）对外传播。本书支付给作者的稿酬已包含上述数据库和网站、微信公众号著作权使用费。如有异议，请在来稿时注明，本书将作适当处理。

投稿文章须为原创作品，严禁抄袭，文责自负。刊稿仅反映作者个人的观点，并不代表《中国支付清算》主办单位立场。

目　　录

金融账户

金融普惠

中小机构

统计分析

政策传递

数字金融

数字普惠金融对居民消费影响的实证研究

文/杜朝运　黄悦颖*

摘要：近年来，消费对经济增长的驱动作用越发重要。与此同时，数字普惠金融也得到迅速发展。数字普惠金融之于居民消费的影响及作用机制成为一个值得探讨的重要问题。基于中国家庭追踪调查的最新调整数据和北京大学数字金融研究中心编制的数字普惠金融指数，本文采用固定效应模型实证分析了数字普惠金融对居民消费的影响，并从缓解流动性约束和提升支付便利性两个方面检验数字普惠金融影响居民消费的机制。研究发现，数字普惠金融发展显著促进我国居民消费增长，缓解家庭流动性约束和便利支付两种作用机制对居民消费均有显著影响。本文据此提出相应的政策建议。

关键词：数字普惠金融　居民消费　流动性约束　支付便利性

当前，世界正处于百年未有之大变局，经济形势复杂多变，国外新冠肺炎疫情防控情况不容乐观，在这样的背景下，消费对于经济增长的重要性不言而喻，因此，更应坚持扩大内需这个战略基点，充分挖掘国内市场潜力，促进消费增长，推动我国经济高质量发展。

数字普惠金融是指通过使用数字金融服务以促进普惠金融发展的金融活动，它通过提供数字化支付、保险、信贷等多样的金融产品和服务，增加居民金融服务的可选择范围和可获得性，从而对居民消费产生影响。那么，我国数字普惠金融的发展是否能够显著促进居民消费提升？它又是通过何种渠道促进居民消费提

* 基金项目：国家社会科学基金项目“社会网络变迁与普惠金融发展研究”（18BJL079）。
作者单位：杜朝运，厦门大学经济学院；黄悦颖，兴业银行股份有限公司福州分行。

升？如何更好地发挥数字普惠金融对居民消费的促进作用？这些问题都有待深入探究。

一、相关文献

关于数字普惠金融对居民消费的影响，学者们从不同的角度进行了验证。崔海燕（2017）运用系统GMM方法展开分析，发现数字普惠金融对东中部地区农村居民的消费有促进作用，对西部地区不显著，因此要加快城镇化进程，加大西部农村地区的数字金融推广力度。尹志超和张号栋（2018）采用直接衡量法测度家庭信贷约束程度，发现当正规金融不可及时互联网金融能够缓解家庭信贷约束程度，但对供给型信贷约束有效，对需求型信贷约束无效。傅秋子和黄益平（2018）研究数字普惠金融对农村正规金融需求的影响，发现其能够刺激消费信贷需求，影响人们的生产和生活，促进消费提升，但会抑制生产信贷需求。易行健和周利（2018）基于中国家庭追踪调查数据，发现数字普惠金融通过便利消费和缓解流动性约束的机制显著促进居民消费，促进效应在中低收入阶层、低流动资产家庭以及中西部地区、农村地区更为明显。何宗樾（2020）认为数字普惠金融能够降低家庭面临的不确定性和便利居民支付，从而促进居民消费。张勋（2020）的实证研究发现，数字普惠金融主要通过提升支付便利刺激购物欲望，释放消费潜力，但缓解流动性约束的影响机制并不显著。郭华等（2020）的研究表明，数字普惠金融发展能够显著促进农村居民消费，影响机制中的数字支付服务对消费提升作用最明显，而数字信贷服务对消费的作用呈现负向影响。杨伟明等（2021）的研究发现数字普惠金融不仅能够提升居民消费水平，而且能够促进居民消费升级。

以上关于数字普惠金融对居民消费影响的文献，既有基于微观家庭也有基于宏观层面的研究，讨论的领域包括数字普惠金融影响居民消费的区域、城乡、受教育程度、收入、消费结构等异质性，但研究结果不尽相同。本文拟采用中国家庭追踪调查的最新调整数据（2021 年 1 月更新了 2018 年家庭资产数据），实证分析数字普惠金融对居民消费的影响，并从缓解流动性约束和提升支付便利性两方面检验数字普惠金融影响居民消费的机制。

二、数据来源与处理

本文的数据来源情况如下：家庭收入、消费、资产等有关家庭数据来自中国家庭追踪调查数据库；数字普惠金融指数数据来自北京大学数字金融研究中心；互联网普及率来自中国互联网络信息中心；金融机构贷款余额、名义利率来自中国人民银行官网；省份 CPI 等省级数据来自国家统计局。

在以上数据库获取相应数据以后，本文进行了数据处理：第一，删除无法识别的样本，如家庭编码、个人编码、省份编码等缺失的样本；第二，删除关键控制变量数据缺失的样本；第三，根据省份编码匹配家庭库和省级控制变量库，根据户主 ID 匹配家庭库与个人库，最终与省级数字普惠金融指数合成面板数据。经过数据预处理，最终选取 2014 年、2016 年、2018 年这 3 年共计 38131 个观测值进行具体分析。

三、变量选择与模型设定

（一）变量选择

1. 被解释变量。本文的被解释变量为家庭消费性支出，包括衣、食、住、生活用品、文教娱乐、交通通信、医疗保健和其他八大类。

2. 解释变量。本文的解释变量为数字普惠金融指数，由北京大学数字金融研究中心编制。该指数目前已有两期，包含中国内地 31 个省（自治区、直辖市），时间跨度为 2011—2018 年。

3. 控制变量。本文选择如下控制变量：（1）家庭收入和家庭净资产；（2）家庭特征变量，包括家庭规模、家庭少儿人口比例、老年人口比例；（3）户主特征变量，通过 CFPS 问卷中的财务回答人来识别户主身份，并限定户主年龄大于 16 岁，将其作为家庭代表性个体，本文控制该个体的年龄、性别、受教育程度、婚姻状况、健康状况、参与医保情况以及风险态度（每周喝酒是否超过三次）；（4）地区层面，本文控制地区的实际利率水平和传统金融发展程度，实际利率等于名义利率（中国人民银行发布的各年一年期存款基准利率）减去各省通货膨胀率，传统金融发展程度采用各省人均金融机构贷款余额。本文依据每个家庭所在省市的 CPI 指数将所有的价值型变量调整为以 2014 年为基期的数值。

（二）模型设定

本文设定数字普惠金融与居民消费之间关系的基本模型为：

$$\ln Consume_{ijt} = \beta_0 + \beta_1 \ln inder_{jt} + \beta_2 X_{ijt} + family_t + year_t + \varepsilon_{ijt}$$

其中，$\ln Consume_{ijt}$表示的是j省份i家庭t年的家庭总消费支出的对数，$\ln inder_{jt}$表示j省份t年的数字普惠金融指数对数，X_{ijt}表示控制变量，$family_t$表示家庭固定效应，$year_t$是年份固定效应，ε_{ijt}是随机扰动项，本文的聚类标准误聚类到省级层面。

四、实证分析

（一）描述性统计

表 1 为主要变量的描述性统计结果。从生活水平和财富状况来看，家庭消费均值为 5.3 万元，家庭收入均值为 7 万元，净资产均值为 60 万元。从人口结构来看，家庭总人口均值为 3.66 人，儿童人口比均值为 0.144，老年人口比均值为 0.159。户主年龄均值为 50 岁，受教育年限均值为 7.135，其中户主是否有医保这一变量均值为 0.9128，表明我国基本医疗保险的覆盖率较高。

表 1　描述性统计结果

变量名称	变量描述	样本数	平均值	标准差
家庭消费性支出		38131	53260.7	67582.05
数字普惠金融指数		38131	237.5032	54.84258
家庭总收入	包括工资收入、财产收入、经营收入、转移收入和其他收入	38131	70455.68	171319.2
家庭净资产	CFPS 合成的综合变量，家庭总资产减去总负债	38131	602565.8	1517363
家庭规模	家庭总人口	38131	3.659254	1.875747
儿童人口比	0~15 岁人数占家庭总人数比例	38131	0.1441487	0.1907053
老年人口比	65 岁以上人数占家庭总人数比例	38131	0.1590987	0.3107924
户主年龄	年龄	38131	50.03622	14.83507
户主性别	0－女，1－男	38131	0.5202067	0.4995981
户主受教育年限	0＝文盲/半文盲，6＝小学，9＝初中，12＝高中/中专/技校/职高，15＝大专，16＝大学本科，19＝硕士，23＝博士	38131	7.135008	4.95699

续表

变量名称	变量描述	样本数	平均值	标准差
户主婚姻状况	0－其他，1－已婚	38131	0.8363536	0.3699592
户主风险偏好	户主每周喝酒超过三次	38131	0.1622302	0.3686667
户主健康状况	0－不健康，1－一般，2－比较健康，3－很健康，4－非常健康	38131	1.870368	1.214307
户主是否有医保	0－无医保，1－有医保	38131	0.9128006	0.2821307
实际利率	名义利率减去各省 CPI 增长率	38131	0.0259107	0.0097528
传统金融发展水平	各省人均金融机构贷款余额/10000	38131	8.106434	5.852689

（二）基准回归分析

基于豪斯曼检验结果，本文选择固定效应模型。被解释变量家庭消费支出作对数化处理，数字普惠金融指数以及家庭总收入、家庭净资产也作了对数化处理。参考黄倩（2015）的做法，年龄与消费成非线性关系，因此引入年龄的平方项。表 2 是基准回归结果，第（1）列中加入了数字普惠金融指数和家庭收入以及家庭净资产，第（2）列增加了家庭规模和儿童、老人比例的家庭人口结构变量，第（3）列增加了户主特征变量，第（4）列增加了地区层面的实际利率水平和传统金融发展水平。从回归结果来看，数字普惠金融发展显著促进家庭消费增长。

表 2　　　　基准回归结果

变量名称	(1)	(2)	(3)	(4)
数字普惠金融指数对数	0.364** (－0.143)	0.367*** (－0.142)	0.2998** (－0.14)	0.305** (－0.141)
家庭总收入对数	0.14*** (－0.007)	0.112*** (－0.007)	0.104*** (－0.006)	0.104*** (－0.006)
家庭净资产对数	0.089*** (－0.005)	0.083*** (－0.005)	0.078*** (－0.005)	0.078*** (－0.005)
家庭规模		0.096*** (－0.006)	0.09*** (－0.006)	0.09*** (－0.006)
儿童人口比		0.03 (－0.04)	0.01 (－0.039)	0.01 (－0.039)
老年人口比		－0.127*** (－0.03)	－0.071** (－0.029)	－0.072** (－0.029)
户主年龄平方/100			－0.01*** (－0.008)	－0.01*** (－0.008)

续表

变量名称	(1)	(2)	(3)	(4)
户主性别			0.04*** -0.013	0.041*** -0.013
户主受教育年限			0.005** (-0.002)	0.005** (-0.002)
户主婚姻状况			0.168*** (-0.023)	0.168*** (-0.023)
户主每周喝酒超过三次			0.056*** (-0.015)	0.056*** (-0.015)
户主健康状况			-0.017*** (-0.004)	-0.017*** (-0.004)
户主是否有医保			0.026 (-0.017)	0.026 (-0.017)
实际利率				-0.444 (-0.358)
传统金融发展程度				0.003 (-0.003)
常数	5.93*** (-0.748)	5.934*** (-0.744)	6.732*** (-0.735)	6.698*** (-0.737)
家庭固定效应	是	是	是	是
年份固定效应	是	是	是	是
观测数	38131	38131	38131	38131
R^2	0.086	0.106	0.122	0.123

注：***、**、*分别表示结果在1%、5%、10%水平下显著；括号内为聚类稳健标准误。

控制变量中，家庭总收入和家庭净资产变量都是在1%显著性水平下显著，表明收入和资产是影响居民消费的重要因素。其余控制变量也大部分是显著的。家庭规模对消费有正向显著影响，儿童人口比对消费影响不显著，老年人口比对家庭消费有负向影响，在5%显著性水平下显著。

从户主层面来看，户主年龄平方、健康状况对消费有负向显著影响。户主性别、受教育年限、婚姻状况及风险偏好对家庭消费有正向显著影响。实际利率对消费有负向影响但并不显著，传统金融发展对消费有正向作用但不显著。

（三）稳健性检验

本文将家庭总消费支出和家庭总收入变量替换成家庭人均消费支出和家庭人

均收入，其他控制变量不变，表3为稳健性检验结果，可以看出，数字普惠金融对家庭消费的促进作用依旧显著。

表3　　稳健性检验结果

因变量：家庭人均消费支出对数	
数字普惠金融指数对数	0.2676* (0.1506)
家庭人均收入对数	0.1095*** (0.0064)
家庭特征变量	控制
户主特征变量	控制
省市特征变量	控制
家庭固定效应	是
时间固定效应	是
观测数	38131
R^2	0.0876

注：***、**、*分别表示结果在1%、5%、10%水平下显著；括号内为聚类稳健标准误。

五、影响机制分析

本文进一步分析数字普惠金融对居民消费的影响机制，主要分析缓解家庭流动性约束和提升支付便利性两个方面的作用。就前者而言，数字普惠金融发展有助于放松家庭的流动性约束，从而使家庭能够更好地规划其生活支出，这将促进家庭消费的提升。就后者而言，数字普惠金融发展能够改进支付的便利性，给消费者带来消费体验和支付习惯的改变，从而促进家庭消费的提升。下面对这两个方面的影响机制进行检验。

（一）缓解家庭流动性约束

易行健等（2018）以流动性资产的多寡来定义家庭是否受到流动性约束，但笔者认为，这样的定义忽视了非流动资产对家庭消费的影响。流动性资产的收益率低，但变现能力强，具有平滑消费的作用；非流动性资产的收益率高，但变现能力弱。因而，不同资产配置组合的家庭，其消费对收入的敏感程度也会不一样。Kaplan 和 Violante（2014）首次根据家庭持有流动性和非流动性资产的比例引入 HtM（Hand－to－Mouth）家庭的概念，将流动性资产不足的家庭称为 HtM

家庭，并根据非流动性资产的净值将 HtM 家庭细分为贫穷型（P－HtM）和富裕型（W－HtM）家庭。

本文参照蒋涛（2019）的做法，将家庭流动性资产小于年收入 1/4 的家庭定义为低流动性资产家庭，即 HtM 家庭，也称月光族家庭；用家庭净房产价值来代表家庭非流动性资产水平，将净房产大于零的家庭定义为富有家庭，否则为贫穷家庭。根据上述划分标准，本文将家庭分为 P－HtM（贫穷月光族）、W－HtM（富有月光族）、P－nHtM（贫穷非月光族）和 W－nHtM（富有非月光族）四类，样本中这四类家庭的占比分别为 5.07%、46.15%、4.82% 和 43.96%。本文设置三种虚拟变量，在前述基本模型的基础上，采用虚拟变量回归方式，检验数字普惠金融对不同流动性资产水平家庭的影响，结果见表 4。

表 4　数字普惠金融对居民消费的影响机制：缓解流动性约束

变量名称	(1)	(2)
数字普惠金融对数	0.2828** (0.1407)	0.2521* (0.1427)
P－HtM	0.1930*** (0.0272)	－1.4456** (0.5726)
W－HtM	0.0474*** (0.0103)	0.0986 (0.1914)
P－nHtM	0.0905*** (0.0230)	－1.9877*** (0.5847)
P－HtM × 数字普惠金融对数		0.3066*** (0.1069)
W－HtM × 数字普惠金融对数		－0.0096 (0.0350)
P－nHtM × 数字普惠金融对数		0.3868*** (0.1088)
家庭特征变量	控制	控制
户主特征变量	控制	控制
省市特征变量	控制	控制
家庭固定效应	是	是
时间固定效应	是	是
F 值	123.77	109.51
观测数	38131	38131
R^2	0.1251	0.1259

注：***、**、* 分别表示结果在 1%、5%、10% 水平下显著；括号内为聚类稳健标准误。

贫穷月光族家庭和富有非月光族家庭相比，数字普惠金融指数的回归系数差异是0.3066，在1%显著性水平下显著，说明数字普惠金融对贫穷月光族家庭的消费提升作用强于富有非月光族家庭，数字普惠金融缓解贫穷月光族家庭的流动性约束，从而促进其消费。

富有月光族和数字普惠金融交互项在5%显著性水平下并不显著，即富有月光族家庭和富有非月光族家庭相比，数字普惠金融对其消费的促进作用没有差别。富有月光族这类有房家庭虽然没有足够的流动性资产，但是可用房产作为抵押来获得贷款，这类家庭即使没有流动性资产，也可通过非流动资产来获得流动性，数字普惠金融对这类家庭的缓解流动性约束作用不显著。

贫穷非月光族与富有非月光族相比，数字普惠金融的回归系数有显著差异。这类家庭虽然不缺乏现金等流动性资产，但由于净房产价值小于等于零，他们可能没有房产或是背负巨额房债，这类家庭在一定程度上也面临流动性约束，他们限制自己的消费，压抑自己的消费欲望。因此，从回归结果来看，数字普惠金融在一定程度上缓解了这类家庭流动性约束。

（二）提高支付便利性

本文采用支付业务指数来反映支付便利性。北京大学数字金融研究中心对支付业务指数计算指标使用了活跃度指标和深度指标，活跃度指标指的是人均交易笔数、高频度活跃用户数占总活跃用户数的比值，深度指标指的是人均交易金额。支付业务指数发展得越好，说明该支付方式给人们带来的便利性越高，使用这项业务的人越多，由此引致的商业活动参与度越高，对家庭消费的提升作用也越大。

本文在前述的基本模型中，将数字普惠金融指数替代为支付业务指数，得出的结果如表5所示，可见支付业务指数能够显著促进家庭消费，为了进一步考察支付业务指数对消费结构的作用，本文还对分项消费进行分组回归。结果显示，支付业务指数能够显著促进家庭食物、衣着以及文教娱乐方面的消费。支付便捷性的提高，不仅能够释放人们衣食的消费潜力，也能够促进家庭文化娱乐、旅游、教育培训等方面的消费。

表 5　　数字普惠金融对居民消费的影响机制：提高支付便利性

变量名称	家庭总消费支出	食物、衣着	居住、日用品	交通通信	医疗保健	文教娱乐	其他
	(1)	(2)	(3)	(4)	(5)	(6)	(7)
支付指数对数	0.1579** (0.0771)	0.1840** (0.0757)	0.0054 (0.1396)	0.0064 (0.1020)	0.0684 (0.1807)	0.5921*** (0.2129)	0.0227 (0.1514)
家庭特征变量	控制	控制	控制	控制	控制	控制	控制
户主特征变量	控制	控制	控制	控制	控制	控制	控制
省市特征变量	控制	控制	控制	控制	控制	控制	控制
家庭固定效应	是	是	是	是	是	是	是
时间固定效应	是	是	是	是	是	是	是
观测数	38131	37697	36961	36406	33890	24471	31800
R^2	0.1225	0.0775	0.0849	0.0835	0.0356	0.0533	0.0754

注：***、**、*分别表示结果在1%、5%、10%水平下显著；括号内为聚类稳健标准误。

六、结论及建议

本文利用数字普惠金融指数与中国家庭追踪调查的数据，采用固定效应模型进行回归，研究发现，在样本期内，我国数字普惠金融发展对居民消费有显著促进作用。控制变量中，家庭总收入和家庭净资产对家庭消费有显著正向影响，收入和资产是影响居民消费的重要因素。家庭规模对消费有正向显著影响，儿童人口比对消费影响不显著，老年人口比对家庭消费有负向影响。户主年龄平方、健康状况对消费有负向显著影响。户主男性、受教育年限、婚姻状况及风险偏好对家庭消费有正向显著影响。为了检验回归结果的可靠性，本文采用替换指标的方式进行稳健性检验，回归情况表明结果较稳健。本文还进一步考察我国数字普惠金融影响居民消费的作用机制，主要是通过缓解家庭流动性约束和便利支付促进了居民消费，尤其对缓解贫穷月光族家庭（P－HtM）和贫穷非月光族家庭（P－nHtM）的流动性约束效果显著，而数字化支付方式不仅能够释放人们在衣食方面的消费潜力，也能够促进家庭文教娱乐等方面的消费提升。

针对研究结论，笔者提出如下建议：

首先，进一步完善数字普惠金融产品与服务体系。要加速互联网金融服务的下沉，运用大数据与人工智能深度挖掘电商、社交、搜索等途径获取的数据，降低人工成本和交易成本，提升效率与风控能力。要利用在线支付、移动通信和其他数字技术为金融服务提供便利，研发推广安全、简单易用的操作界面，发展消费信贷，完善信用评级体系，积极推广手机银行、第三方支付、互联网保险等新型金融业态，扩大数字普惠金融的规模和影响力。要完善线上支付生态场景，让消费者愿意在消费场景下支付，促进低频用户向高频用户转化，刺激居民消费。要关注贫穷月光族和贫穷非月光族家庭的流动性约束问题，给这类人群提供足够的信贷支持，提高农村及中西部地区弱势群体金融服务的可获得性和覆盖率，保证贫困群体能够获得充足的金融产品和服务。

其次，进一步完善相关管理制度，加强金融消费者权益保护。由于数字普惠金融通过在线平台进行服务和开展业务，用户个人信息存储在在线平台上，存在消费者隐私泄露、电话欺诈等风险，一旦出现问题就会给消费者带来财产和心理的双重损失。在现实中就有平台因为风控手段不够或是游离于监管之外，不断扩展业务却不控制风险，由此带来的风险具有极强的传染性，可能会造成其他金融机构的风险，对社会有较大危害（黄益平，2017）。因此，持续完善相应政策制度，加大监管力度，方能确保数字普惠金融业务长期健康发展，并有效提升居民的消费体验，提升消费者信心。

最后，进一步提高居民对数字普惠金融和新型消费方式的认知度与接受度。数字普惠金融作为新时代发展的产物，不可否认有些操作对于一些人群而言较难接受和学习，因此，应该加大对数字普惠金融相对薄弱的领域、地区、人群的推广力度，以扩大数字普惠金融的覆盖面。同时，要普及正确的消费观念，帮助消费者学习电商、线上支付和网络购物。一旦人们对新型消费有了科学的认识，接受新型的消费方式，数字普惠金融将促进居民更加合理的消费，从而推动消费增长。

参考文献

［1］崔海燕．数字普惠金融对我国农村居民消费的影响研究［J］．经济研究参考，2017（64）：54－60.

［2］尹志超，张号栋．金融可及性、互联网金融和家庭信贷约束——基于CHFS数据的实证研究［J］．金融研究，2018（11）：188－206.

［3］傅秋子，黄益平．数字金融对农村金融需求的异质性影响——来自中国家庭金融调查与北京大学数字普惠金融指数的证据［J］．金融研究，2018（11）：68－84.

［4］易行健，周利．数字普惠金融发展是否显著影响了居民消费——来自中国家庭的微观证据［J］．金融研究，2018（11）：47－67.

［5］何宗樾，宋旭光．数字金融发展如何影响居民消费［J］．财贸经济，2020，41（8）：65－79.

［6］张勋，杨桐，汪晨，等．数字金融发展与居民消费增长：理论与中国实践［J］．管理世界，2020，36（11）：48－63.

［7］郭华，张洋，彭艳玲，等．数字金融发展影响农村居民消费的地区差异研究［J］．农业技术经济，2020（12）：66－80.

［8］杨伟明，粟麟，孙瑞立，等．数字金融是否促进了消费升级？——基于面板数据的证据［J］．国际金融研究，2021（4）：13－22.

［9］郭峰，王靖一，王芳，等．测度中国数字普惠金融发展：指数编制与空间特征［Z］．北京大学数字金融研究中心工作论文，2019.

［10］黄倩，尹志超．信贷约束对家庭消费的影响——基于中国家庭金融调查数据的实证分析［J］．云南财经大学学报，2015，31（2）：126－134.

［11］蒋涛，董兵兵，张远．中国城镇家庭的资产配置与消费行为：理论与证据［J］．金融研究，2019（11）：133－152.

［12］黄益平．数字普惠金融的机会与风险［J］．新金融，2017（8）：4－7.

［13］Kaplan G，Violante G L. A Model of the Consumption Response to Fiscal Stimulus Payments［J］．Econometrica，2014，82（4）：1199－1239.

数字人民币发展对商业银行的影响及对策建议

文/中国银行北京分行课题组*

摘要：随着新一轮科技革命和产业变革的不断加深，加快数字化发展成为“十四五”时期我国应对风险、把握机遇，适应新发展阶段，践行新发展理念，加快构建新发展格局的重要途径。目前，数字人民币已在全国多地区、多场景进入了试点阶段，长期来看，数字人民币将在多方面对商业银行带来积极影响及诸多挑战。本文就数字人民币发展对商业银行的影响进行论述，为商业银行未来的发展提出对策建议。

关键词：数字人民币　商业银行　影响　对策建议

一、数字人民币发展情况

当今世界正经历百年未有之大变局，随着新一轮科技革命和产业变革的不断加深，加快数字化发展成为“十四五”时期我国应对风险、把握机遇，适应新发展阶段，践行新发展理念，加快构建新发展格局的重要途径。在“十四五”规划和2035年远景目标纲要中，“加快数字化发展，建设数字中国”单独成篇，足见国家对数字建设的高度重视。“十四五”规划中也提出“稳妥推进数字人民币的研发”的工作要求。伴随数字人民币试点城市和应用场景的增多，数字人民币正逐渐成为数字中国建设的助推器和加速器。

2014年，中国人民银行正式成立数字货币研究小组，启动法定数字货币研

---

* 课题组成员：郑元超、胡若浩、何秀丽、刘俊彦、李嘉欣、何蕊、张慰。

究工作，对数字货币发行和运行框架、关键技术、发行流通环境、面临的法律问题等进行深入研究；2016 年成立人民银行数字货币研究所；2018 年，人民银行正式开启数字人民币项目的开发进程，至 2019 年底，已基本完成了法定数字货币（DC/EP）的顶层设计、标准制定等工作；从 2020 年 10 月开始，数字人民币先后在深圳、苏州、北京、上海以及冬奥场景等地开展多轮有影响力的测试活动。

数字货币法币化既是货币形态演变的必然趋势，也是当下数字经济发展的内在需求，定将对我国的货币与支付体系产生重大影响。从国内情况看，较早地研发数字人民币，与我国支付结算体系现状密切相关。一方面，我国移动支付发展迅速，居民和商家均已形成移动支付习惯，无现金交易遍布在生活中的各个场景，数字人民币的研发推广，符合当下常用的支付环节和交易情景。另一方面，第三方支付市场已形成“双寡头”格局，日常交易形成大量数据，为了更好地维护客户的合法权益，对第三方支付平台形成有效监管，也为了更好地防范金融风险，发行数字人民币凸显其重要性和紧迫性。

二、数字人民币运行模式及特征

数字人民币的发行和运营采用“中央银行—商业银行”的“双层运营”模式，即人民银行作为第一层，将数字人民币投放至各商业银行，再由第二层的各商业银行将数字人民币投放给社会公众。目前世界各国的现金发行也普遍采用这种“双层运营”的模式，这种运营模式与目前纸币的投放路径基本一致，不会改变现有体系。中央银行作为数字货币运行的核心，是基础货币的供应者和货币流通的调节者，具有运行整体的最高权限，但在技术上保持中立。商业银行可以自行选择技术路线，向公众进行货币投放、提供数字货币的流通服务。在此模式下，商业银行仍占有重要的市场地位。这种“双层运营”模式具备以下优势：

一是能够充分利用现有资源和技术储备。作为指定运营机构的工行、农行、中行、建行等国有商业银行，基础设施完善、服务体系成熟、人才储备充足、客户覆盖面广，由其提供服务可充分激发市场活力。二是能够有效降低风险隐患。作为指定运营机构的商业银行规模大、运营时间长，在零售业务治理体系、风控措施等方面经验丰富，能有效防范操作风险，增强公众对持有、使用数字人民币的信心。三是避免金融脱媒。数字人民币沿用二元模式下货币发行体系，且不计付利息，避免与商业银行存款货币形成竞争，并进一步巩固了商业银行在金融体系中的重要地位。四是有利于货币政策传导。商业银行提供数字人民币兑换，可加速资金回流商业银行的速度和效率，促进其发挥金融中介作用，为货币政策传导提供更直接、高效的渠道。

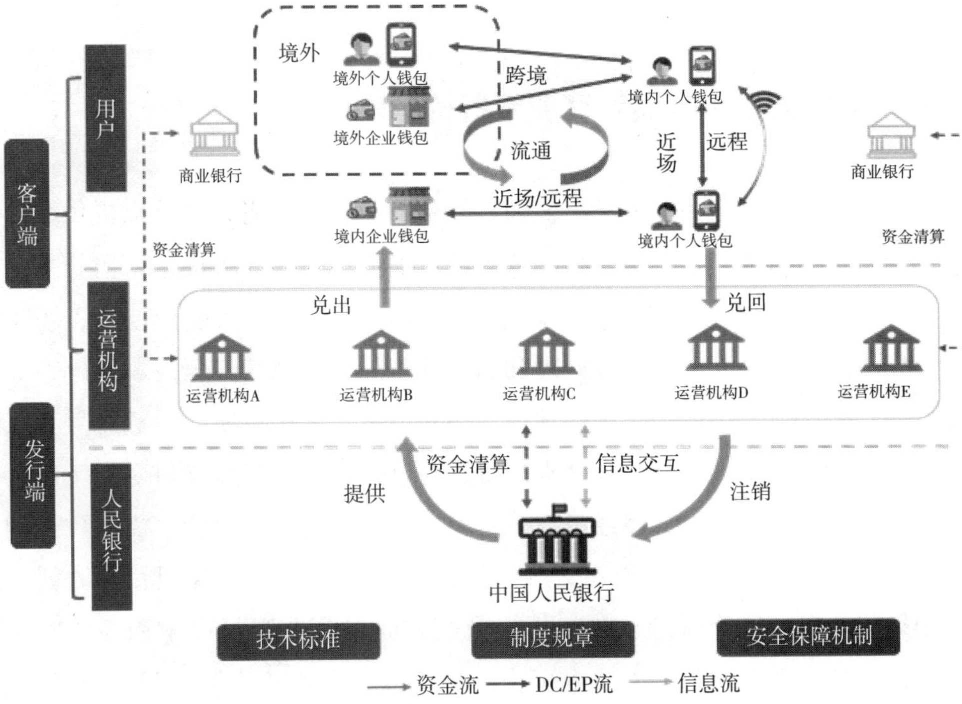

注：虚线表示异步实现；实线表示同步实现。

图1　数字人民币“双层运营”机制

数字人民币不仅在投放路径和体系方面与纸币基本一致，在功能属性方面也与纸币完全相同，只不过由纸质形态变为数字化形态，是具有价值特征的数字支付工具。在纸钞的发行使用中，存在许多缺点，如防伪、印刷、损耗等发行成本高，使用便捷性不足，安全性较低、易丢失，存在洗钱、恐怖融资等风险。与之相比，数字人民币能够有效弥补这些缺点，同时又具有其独有的特征。

一是支付即结算：数字人民币能够实现即时清算、“钱货两清”，无在途资金占用，降低商户的使用成本和机构垫资风险。二是支付无壁垒：属于法定货币，投放和推广属于国家行为，具有法偿性，突破商业限制，打破支付壁垒。三是形式更多样：数字人民币支持当下流行的二维码、NFC 等支付形式；可与手机、eSIM 可穿戴设备、SIM 卡、IC 卡等载体设备结合应用。四是服务全天候：不依赖网络条件，覆盖在线/离线，境内/境外，个人/商户全部场景，满足客户多种需求，对现金和电子支付具有代替性。五是安全指数高：数字人民币的发行是在人民银行的监督下进行的，因此，在信息安全、支付安全方面优于第三方支付平台，且数字人民币完全以电子的形式存在，即使手机丢失，数字人民币也不会丢失。

三、数字人民币发展对商业银行的影响

商业银行是数字人民币发行、流通、转移的重要参与者，向公众提供数字人民币兑换服务。作为指定运营机构的六大国有商业银行，在人民银行监管下承担数字人民币的流通服务并负责零售环节管理，承担支付产品设计创新、场景拓展、市场推广、系统开发、业务处理和运维等职能，保障其安全高效运行。

目前，数字人民币已在全国多地区、多场景进入了试点阶段，标志着其受理环境、系统能力和基础功能已经基本具备，有机会在重构零售支付生态基础上逐步向生产领域延伸，促进实体经济高效发展，更好地满足普惠金融需求。长期来看，数字人民币将在现金业务、支付清算体系、客户和账户管理、价值创造逻辑、场景和生态、风险管理、数字化转型等方面对商业银行产生积极影响。同时，由于市场竞争方式和对手发生变化，商业银行在资产负债管理、资金拓展、经营业态、发展理念上也面临诸多挑战。

（一）提高商业银行运营效率，推动轻型化转型

1. 降低纸币发行、流通各环节的经营成本。作为电子化交易手段和贮藏手段，数字人民币不需要进行物理空间的印制、运输、回笼、贮藏，且不存在折旧磨损和防伪技术成本，使商业银行可大幅削减日常安保、金库建设、钞票运输、机具维护等现金管理成本。此外，商业银行无须对作为 M0 的数字人民币付息，因此不额外增加银行负债端的成本支出。

2. 弱化物理网点功能，加速渠道转型。随着互联网金融和移动支付的快速发展，商业银行业务模式由线下迁移至线上，物理网点逐渐从利润中心转化为成本中心，其柜台和 ATM 现金服务存在效率低下等问题。数字人民币的出现顺应了交易便捷性、成本性要求，可形成脱离线下渠道的资金闭环，降低客户的网点

到店率。随之而来的将是商业银行网点资源的整合和人员结构的加速转变，柜员等现金业务相关人员需求下降，金融大数据分析员等专业人才需求上升。在线上渠道，数字人民币可覆盖目前网银、手机银行的支付、转账、缴费等一系列功能，商业银行的渠道布局也将面临全方位调整。

3. 加强数据分析，提升业务分析精准度。数字人民币是在人民银行统一标准基础上建立的，各运营机构采用统一的接入端口和规范的数据形式，实现交易数据的实时共享，使数据运维成本因规模效应大幅降低。通过支付场景中产生的维度丰富的大数据，商业银行可以更加精准、完整地分析、把握客户交易信息及个人偏好等。

（二）重塑商业银行支付清算体系，改变支付市场格局

1. 账户松耦合特征，改变现有业务模式。由于数字人民币具有账户松耦合特征，在商业银行开立的数字钱包可以脱离银行账户，无须绑定账户或第三方平台即可实现价值转移，既支持扫码支付（正扫/反扫），也支持 NFC 支付（硬钱包/碰一碰）和线上子钱包等，支付方式丰富。出于成本和便捷性考虑，数字人民币将被更多收单商户青睐，刷卡消费等方式或将被逐步取代。同时，数字人民币运行体系将打造简单便捷、实时高效的支付系统，目前正在使用的大小额系统、网上支付跨行清算系统、银联体系、网联体系等都将面临重新定位，对商业银行相关业务产生深远影响。

2. 数字人民币支付特点，影响支付清算业务规模。从客户体验出发，数字人民币具有零费率、无壁垒、支付即结算、服务全天候等特点，无须通过传统的中国现代化支付系统（CNAPS）完成，有跨行转账需求的个人和对公客户或优先选择通过数字钱包体系完成。数字人民币未来可应用于银行同业及企业间大额支付场景，例如各商业银行在 DC/EP 业务库之间转移资金，业务库发挥了同业清算账户功能，因此数字人民币将在一定程度上降低传统的支付清算业务规模。数字人民币的总账设立在中国人民银行，采取的是一种中心化的处理方式，该方式能够消除不同银行账户间的信息壁垒，并弱化中间机构的支付清算功能。

3. 重塑支付市场格局，打破第三方支付机构垄断。近年来，第三方支付平台在国内支付市场占据主导，商业银行一直试图通过创新技术、扩大营销、完善场景等手段提高市场份额，但收效甚微。相比于第三方支付，数字人民币具有零费率、支付即结算、支付无壁垒、形式更多样、服务全天候、隐私保护、易得性和便捷性等多方面优势，这些都有助于重新夺取现有支付市场份额，为商业银行弯道超车提供了机遇，也为客户资金回流商业银行提供了新途径。

（三）颠覆传统服务，探索商业银行客户和账户经营管理模式

1. 颠覆传统服务形式，数字钱包取代账户成为客户经营起点。数字人民币可实现点对点的全额实时结算，打通目前互设壁垒的支付结算系统，从而有效解决客群分割问题。数字人民币将分流原属于账户体系的小额高频交易，促使钱包取代账户成为金融交易的载体。未来，数字人民币的大范围应用或从根本上改变商业银行以账户为基础的经营管理模式，进而创造一种与客户建立业务关系的全新路径。因此，提升不再基于账户的钱包客户对商业银行的综合贡献，建立一套全新的客户关系思维方式变得尤为重要。

2. 商业银行成为新的流量入口。流量和数据已成为金融业的重要生产要素，蕴含着巨大商机。在数字人民币运行机制中，商业银行作为数字人民币相关服务的提供者，将直接成为流量入口，是其传统线下线上获客模式的强有力的补充，有利于推广更多的增值服务。未来，商业银行通过运营数字人民币直接获得流量的规模大小，主要取决于数字人民币支付市场的发展情况。

3. 巩固并拓宽客户服务边界。商业银行应充分把握战略机遇期，丰富金融服务和零售消费生态场景，对现有业务边界进行再造。数字人民币将当前线下现金交易转移至线上，让商业银行可以掌握客户现金往来和账户资金往来的全量闭环现金流，有助于运用大数据和人工智能等新兴科技，精准分析客户资金特点、资产分布等，从而给客户提供专业化、个性化的综合金融服务。

（四）重构零售业务逻辑，加快适用场景和生态建设

1. 积极推动消费生态建设，获得低成本存款沉淀。商业银行以数字人民币推广为切入点，打造涵盖方方面面的线下线上消费场景，建立开放平台，聚集合作伙伴，让最终用户通过不同介质、渠道，在日常便捷化场景中享受银行的服务，不断提升用户体验和满意度，最终获得低成本的存款沉淀。数字人民币虽不构成商业银行存款来源，但数字钱包和存款账户之间可直接兑换，随着商业银行打造的应用场景更加广泛，消费生态更加丰富，大量闲置资金可转移至银行账户并形成存款沉淀。

2. 有效增强客户黏性。商业银行通过将数字人民币入口嵌入手机银行等自有 App 中，进行重点场景开拓，打造具有核心竞争力的数字平台，从而提升客户的活跃度和黏性。对于具有一定黏性的客户，数字人民币可延伸到更多的零售场景中，商业银行可以抓住机会获得活跃流量，并在多种营销渠道推介本行其他产品和服务。借助有效的数字人民币的场景化拓展，数字钱包最终会成为部分第三方支付平台绑卡客户的新选择。

3. 以数字钱包为原点构建客户生态圈。商业银行有望通过数字钱包逐步为客户提供至少三方面服务：一是满足支付、转账等资金交易和结算需求，起到M0作用；二是进行身份识别认证，起到数字身份证作用；三是对钱包里的数字资产进行管理，包含余额管理、资金转换、资产增值等。为实现“以客户为中心构建商业生态”的目标，商业银行可采取以“小额高频带动高端低频场景”的发展策略，构建基于金融服务的生态圈，留住存量，盘活流量，拓展增量。

4. 通过应用场景建设探索拓宽客户服务边界。极致体验的消费生态将为商业银行获取极为丰富、细致的数据信息，带来源源不断的客户积累。一方面，商业银行可充分运用大数据等新兴科技精准分析用户特征，生成客户画像，并有针对性地提供个性化服务；另一方面，商业银行可分析用户行为数据，从而发掘商机，拓展现有客户服务体系，拓宽业务收入来源，实现银行与客户之间的互惠共赢。

5. 提升普惠金融数字化水平。数字人民币依托的技术和使用方式有助于商业银行降低了解客户（KYC）和提供金融服务的成本，打通普惠金融的发展瓶颈。在落地过程中，商业银行积极充当人民银行和政府金融资源投放的主渠道，使各项政策和服务直达目标群体；可通过多种方式推动金融服务下沉，为普惠目标群体提供量身定制的便捷服务，让他们能够享受到现代数字经济发展的红利。

（五）商业银行负债端结构稳定性下降，资产负债管理难度增大

1. 商业银行负债成本压力增大。数字人民币大规模推广后，企业和个人有可能将部分资金沉淀在数字钱包中。换言之，数字人民币会对活期存款形成替代，而非仅对现金形成替代。这将导致商业银行活期存款规模趋于下降，甚至导致商业银行资产负债表缩表，影响其稳健发展。一是随着活期存款规模的下降，低成本活期存款在负债端的占比将趋于下降，推升商业银行负债端整体付息成本率。二是部分商业银行为提高活期存款的吸引力而提高活期存款利率，将进一步增加其负债端成本压力。三是活期存款与定期存款、理财等产品之间的转换会更加频繁，导致低成本活期存款规模减小，高成本定期存款等规模提高，从而推升

负债端整体付息成本率。

2. 加大商业银行资产负债管理难度。商业银行活期存款与表外的数字人民币、表内的定期存款、理财产品等的动态变化，一是加大了商业银行的流动性管理难度，二是加大了商业银行的资产负债期限结构管理难度。这将降低其负债端结构的稳定性，尤其是当金融体系利率水平、社会通胀水平等发生较大变化时，管理难度会更大。

3. 商业银行抵御风险能力下降。商业银行存款业务是负债业务中最主要的组成部分，是其资产业务开展的基础，存款的下降使银行放贷能力减弱，盈利能力下降，银行将不得不通过提高利率争取存款。因此，数字人民币对商业银行存款的争夺，会对传统经营模式下的商业银行产生打击，使其弹性降低，并失去部分信用中介的职能。

四、对策建议

当前，数字人民币发展阶段不断推进，已由理论概念转入试点落地推广，数字人民币对于商业银行的影响将逐步从宏观转向微观。在此背景下，商业银行应积极应对数字人民币新发展趋势，调整战略布局，提升技术水平，做好准备迎接数字人民币新发展带来的机遇及风险挑战。

（一）加大金融科技领域的战略布局

在数字人民币研发过程中，为调动商业银行的积极性，充分发挥商业银行在金融科技领域投入、技术发展和人才储备等方面的优势，人民银行保持技术中立，没有预设特定技术方法，让各个商业银行自行选择技术路线，共同参与数字人民币发行流通。商业银行应积极跟进数字人民币各项应用，做好数字人民币在系统方面的对接工作，在数字人民币推广后第一时间启动相关功能，从而将“运营机构”定位优势转化为业务优势。

要紧跟人民银行数字人民币、数字钱包相关政策标准，继续加大对人才与资源的投入力度。尽可能设置专职研发机构与实验室等，成立科技小组，提高在数字人民币创新应用方面的核心竞争力。与相关机构加强合作，在数字人民币发行流通、支付结算、资金监管等多场景搭建应用原型系统，验证核心技术在货币发行和流通领域大规模应用的可行性，探索构建符合商业现实发展水平的数字人民币发展模式。提前布局数字人民币网络相关基础设施建设，统筹数字人民币发行、流通、支付体系构建，建立数字人民币的信息数据系统。

（二）调整新兴业务发展方向

一是转变发展思维模式，获取市场新发展动能。数字人民币的发展将更新现有商业运行机制，商业银行将直接提供数字人民币的兑换、支付清算等相关服务，与目前的为第三方电子支付市场提供通道不同，商业银行将直接对客户提供服务。这将为商业银行拓展新的客户群体提供新的发展契机。为应对潜在的大量客群，商业银行必须及时调整传统的客群运营思维，迅速引入全新发展理念，创新商业运行模式，依托手机银行 App、数字钱包等客户终端，全面提升客户服务数字化水平，提升终端客户使用体验，为客户提供更为便捷、成本更低的支付渠道及应用方式，以更加智能的支付模式和广泛的应用场景吸引消费者，探索零售业务在数字经济时代“弯道超车”的新机遇。

二是推进渠道数字化革新，促进支付运营降本增效。在数字人民币发展的新形势下，银行应及时转变内部运营方式，不断释放物理网点、现金服务人员等一些传统运营领域资源，积极布局金融科技及大数据研发领域，增加数字人民币领域的产品和技术研发投入，优化内部运营渠道，智能化管理内部运营资源，在运营资源控制降本增效的同时，推出适应数字人民币新发展趋势的金融产品，占据新趋势下金融市场份额。

三是挖潜支付清算数据，开展大数据画像精准营销。通过积累及梳理数字人民币的使用数据，可进一步丰富和完善客户线下现金交易记录，这将更为全面地补充客户的现金交易数据。深度挖潜数字人民币交易数据，对交易数据库开展大数据分析，可以对银行客户的交易及消费偏好开展全量分析，在客户数字人民币交易数据的基础上，开展客户画像，从而为客户提供个性化金融产品推送方案，为数字化精准营销的开展提供崭新思路。

（三）加强金融同业的合作

紧跟数字人民币发展趋势，商业银行应全方位做好数字人民币业务战略规划，加强与人民银行、金融同业、金融科技企业及跨境同业间数字人民币业务多维合作。

一是积极跟进人民银行数字人民币推进步伐，畅通数字人民币流通渠道。商业银行应在人民银行指导下，做好相关技术准备，保证数字人民币兑换及投放渠道畅通，积极推进数字人民币服务直达客户终端，使广大银行客户尽享优质、便捷、实惠的数字人民币金融服务。

二是积极促进与金融同业共同探索，共建数字人民币场景与生态圈。金融同业间共享数字人民币基础资源可以有效促进数字资源复用，迅速扩大数字人民币用户群，形成规模效应。同业间可以共同探索、搭建多样的数字人民币场景，共享场景资源，为数字人民币落地实践积累丰富的应用资源，多场景共同融合，逐渐形成全方位、多层次、跨领域的数字人民币应用生态圈。

三是积极推进与金融科技平台技术合作，优化数字人民币客户使用功能。金融科技平台具有技术领先、资源丰富、拥有广大的流量渠道等特点，商业银行在数字人民币领域与金融科技平台开展技术、资源共享，客户应用更新优化等多方面合作，有利于激发科技创新内生动力，共享金融科技平台电子支付推广经验，可以更广泛、更多元地推动数字人民币钱包的落地应用。

（四）推进数字人民币应用场景创新

近年来，金融科技的蓬勃发展给金融领域带来了新变化。流量和数据逐渐成为金融业的重要生产要素，蕴含着巨大商机，新的流量获取途径意味着新的发展机遇。谁占据流量，谁就有数据；谁拥有数据，谁就有客户，彼此之间形成良性循环。正所谓“流量意味着体量，体量则意味着分量；用户聚焦之处，金钱必将随之”。流量是一切生意的本质，任何一个互联网产品，只要用户活跃数量达到一定程度，就会开始发生质变，从而带来价值或商机。在数字人民币的运行机制中，商业银行作为数字人民币兑换、流通等一系列相关服务的提供者，将直接成为流量的入口。

商业银行应紧抓数字人民币经济新业态发展良机，积极搭建数字人民币应用场景，拓宽数字人民币应用渠道，扩大数字人民币应用客群。数字人民币一经推出，为生活、教育、体育、医疗健康及高科技等多个应用场景下业务拓展带来极大的发展潜能。在现有银行业务营销基础上，结合数字人民币创新发展理念，通过链条核心客户营销、党建业务融合、银政银企对接分层推广等全新业务推广点拓展；实现数字人民币多场景推广重点突破，在重点客户人群中，增强客户对数字人民币这一全新金融概念的认知。紧抓数字人民币推广时间窗口，迅速结合试点区域红包体验、冬奥会推广等宣传契机，充分应用手机银行弹窗、官方微信宣传、短信定向推送等新颖的宣传方式，提升数字人民币应用客户数量，扩大数字人民币应用客户使用流量，随产品流量的提升，必然产生更多的业务发展机会，形成规模效应。

（五）做好数字人民币风险管理

数字人民币作为新生事物，其形态虽然不同于传统货币，“央行—商业银行”双层运营架构也确实会带来一些新的挑战，但数字人民币的应用场景、使用对象、支付功能与传统货币并没有太大的不同，工具或渠道的变化，本身并不能带来事物本质的变化。数字人民币本质上并未改变资金流转的“外在模式”，无论是疑似电信诈骗、网络赌博、非法集资等，总体外在的资金模式仍有规律可循，可疑交易监测分析仍然体现为对资金流的追踪，并结合客户身份、行为的定位，进一步判断后，进行上报或排除。换句话说，洗钱风险属于客观存在，源于上游犯罪。如何防范新的工具或者渠道被不法分子利用，需要在初始设计时，赋予既定的指令和目标，让其充分发挥功效。

具体而言，数字人民币推广尚缺乏足够的技术支持市场经验，且其金融科技特征使与之相关的各类风险易被传播放大，因此商业银行要提高防控风险的意识，谨慎开展数字人民币推广应用，从局部到整体，从小范围到大范围进行逐步拓展推广，增加金融科技、大数据分析等技术人才的引进，做好相关培训工作；构建多层次、智能化的数字人民币风险管理体系，不断优化后台数据分析、信息传输、风险防控等技术能力；针对数字人民币的匿名性特征，积极运用大数据和人工智能技术，开发数字人民币反欺诈和反洗钱模型，追踪交易信息，完善模型风险预测的准确性。

参考文献

［1］宋爽，刘东民．法定数字货币应用场景下的央行和商业银行职能转变［J］．银行家，2019（2）：87－89.

［2］饶杨．数字人民币对商业银行的影响展望及对策建议［J］．工程经济，2021（4）：74－77.

［3］裴鸣岐，王军．数字人民币的冲击与商业银行的应对［J］．宏观经济，2021（2）：52－53，58－61.

［4］王静，汪灵罡．反洗钱视角下央行数字货币如何进行风险管控

[Z]. 2021.

[5] 汤奎，陈仪珏. 数字人民币的发行和运营：商业银行的机遇与挑战研究[J]. 观察思考，2020 (11)：24 – 34.

[6] 范一飞. 关于数字人民币 M0 定位的政策含义分析 [N]. 中国经济网，2020 – 09 – 14.

[7] 陈潇雅，李成青，肖杰，等. 央行数字货币发展对商业银行的影响及展望 [J]. 现代金融导刊，2021 (3)：23 – 27.

[8] 赵丹丹. 央行数字货币对商业银行的影响及对策建议 [J]. 企业经济，2021 (2)：143 – 149.

[9] 熊铫. 央行推行数字化人民币对商业银行的影响和对策建议 [J]. 中国集体经济，2021 (13)：108 – 109.

跨境金融

跨境支付清算创新发展研究

文/张　翼*

摘要： 近年来，跨境支付清算正在经历着深刻变化，迅速成为全球金融创新的热点领域。为更好地理解该领域的创新发展，本文总结了当前市场发展特点，介绍了传统代理行、卡支付、汇款公司、虚拟账户、区块链支付五种主要清算模式及其最新发展，分析出短期和中长期清算模式的创新侧重，指出要重视通过本地即时支付提升跨境支付体验，并重点强调外部协同创新是未来关键发展趋势。本文建议商业银行要重点聚焦清算模式的创新探索，积极参与外部协同，强化内部创新机制，构建核心竞争壁垒。

关键词： 跨境支付　清算模式　协同创新

随着信息技术创新加速，以及跨境电子商务的飞速发展，跨境支付行业正在进入快速变化的时期，跨境支付已成为各方重点关注的业务领域。一般来说，跨境支付是指两个或者两个以上国家或地区之间因国际贸易、国际投资以及其他方面经济活动借助一定的结算工具和支付系统实现资金跨国和跨地区转移的行为。

一、跨境支付市场的发展特点

（一）业务增长速度快，市场发展潜力大

根据艾瑞咨询发布的数据，2018 年全球跨境支付总金额达到 125 万亿美元，预计 2022 年将达到 218 万亿美元。2020 年，随着世界范围内疫情蔓延，全球出

* 作者单位：中国银行总行。

境旅游及留学市场均受到重创，然而疫情作为突发性事件，并不会对这两大市场未来发展趋势产生根本性影响。后疫情时代的旅游及留学消费市场将逐步回暖，继续为跨境支付市场带来较大的发展空间。对于国内，国际进口博览会、国际消费品博览会等一系列新的重大举措，有助于壮大全球自由贸易力量，为跨境支付业务提供重要发展机遇。

（二）传统产品体验差，银行合规成本高

基于代理行模式的传统跨境支付依靠本地支付网络以及银行间互相开立的同业账户进行资金清算，依靠 SWIFT 网络进行金融信息传递，客户体验总体较差，主要原因：一是很多本地支付网络有运行截止时间的限制，且位于全球不同时区，造成跨境支付出现停顿，无法及时入账；二是不同本地支付网络的报文通讯标准和协议不同，彼此互通性差，容易造成支付信息缺失，导致需要手工干预处理。近年来，全球合规形势愈发严峻，跨境支付已经成为高风险业务，使支付链条上的收付款人及银行需要具备更高水平的彼此信任，才能进行资金交付。国内外银行同业均审慎、全面执行监管要求，确保不出问题，并付出了大量的执行成本。

（三）全球范围创新热，跨境支付模式多

跨境支付清算已成为全球金融创新的热点领域。金融科技领域 VC、PE 及并购交易中，多数与支付相关。例如，美国金融科技服务商 FIS 以 430 亿美元的估值收购电子支付渠道商 WorldPay。随着跨境支付市场趋于活跃，行业参与者充分利用新兴技术，开展业务整合与跨界合作，推出了很多创新产品服务，旨在解决传统跨境支付存在的客户体验“痛点”：不仅有以 PayPal 为代表的依托自有虚拟账户体系完成跨境支付的模式，有以 Ripple 为代表的基于分布式记账技术（DLT）的跨境支付新模式，有万事达整合自身卡网络和部分国家/地区的本地清算推出的跨境支付新产品，也有 SWIFT 组织基于代理行模式牵头推出的全球支付创新平台（GPI）项目等。

二、主要清算模式介绍

根据支付信息、支付资金处理方式不同，可以划分为以下五种主要清算模式。

（一）传统代理行模式

汇入行、汇出行或直接开立清算账户，或通过代理行间接开立清算账户，各银行严格按照SWIFT报文标准组织汇款报文信息，在互信互利的前提下完成国际支付信息传递、资金清算，以及各类查询查复、账单服务、销账等业务处理。在这种模式下，支付信息流和资金流是结合一起，同时完成出境的，属于“信息流和资金流相结合”。近年来，传统代理行模式不断创新发展。最为突出的是SWIFT组织牵头提出的GPI项目（Global Payments Initiative）。GPI项目利用SWIFT现有平台，不改变代理行清算基本模式、流程、账户合作关系，在SWIFT组织协调下开展创新，通过建立共同认可的多边服务水平协议（SLA）实现集中协作，提升服务水平和客户体验。

（二）卡支付模式

支付信息一般通过卡组织的网络传输，支付头寸通过国际信用卡账户实现划转。即，与国际信用卡组织进行合作，以相关品牌的国际信用卡为收付款账户，通过国际信用卡组织的专用网络进行资金清算，开展跨境汇款业务。这种模式也属于“信息流和资金流相结合”。近年来，国际卡组织大举进入跨境支付市场，使卡支付模式出现了创新发展。一是收款人账户从信用卡拓展至借记卡或预付卡，例如VISA推出的Visa Direct国际跨境汇款产品，可以将款项汇给全球超过10亿Visa持卡人中的任何一位。只要输入收款人的16位Visa卡号和汇款金额，资金就会被汇入收款人的Visa信用卡、借记卡或预付卡中。二是收款人账户拓展至卡以外的账户。例如MasterCard推出的Send产品，就是通过寻求与代理行进行合作，借助代理行接入本地清算网络的能力，实现全球的跨境汇款。

（三）汇款公司模式

跨境汇款公司早在100多年前就已存在，全世界有多家跨境汇款公司，西联汇款和速汇金成立时间较长，较为领先。其跨境汇款主要定位于小额跨境业务。汇款公司属于“信息流和资金流相分离”模式，即支付信息一般通过自有网络传输，支付资金通过传统银行或者国际卡网络实现划转，其特点是将跨境汇款转化为本地汇款。由于市场空间巨大，近些年也涌现出Airwallex等很多新兴金融科技公司，清算模式本质上与跨境汇款公司相同，但在附加服务方面进行了一定的创新。

（四）虚拟账户模式

以 PayPal、支付宝为代表，基于电商平台衍生发展而来。付款人使用虚拟账户余额绑定的信用卡、借记卡等方式发起付款。此模式本质上是虚拟账户或消费资金的跨境汇款，支付信息和资金都在支付公司虚拟账户体系内部共同流转，属于“信息流和资金流相结合”。根据客户需要，此模式也提供将资金从虚拟账户转出至银行账户的提现服务，并在支付过程中提供货币兑换服务。以 PayPal 为例，一般有三种模式：一是转账，使用当地清算系统，PayPal 将指定提现金额支付至指定银行账户，并收取一定手续费。二是电汇，通过 SWIFT 国际汇款的方式，汇款至国内银行账户上。三是支票，PayPal 公司开立支票，并用邮寄的方式将支票寄给客户。

（五）区块链支付模式

跨境支付是一种典型的多中心场景，区块链技术的应用可以将中间环节简化为点对点，大大降低成本，同时使整个支付过程完全可以跟踪，客户可以及时了解支付状态，银行和监管机构可以更高效地进行反洗钱及合规风险控制。目前国内外已经开始尝试将区块链技术应用于跨境支付领域。典型案例有：一是 Ripple，即以去中心化、分布式账本为业务理念，重新构建将商业银行、外汇做市商等参与者作为节点的支付清算网络，实现清算、结算同步进行的清算协议体系。二是蚂蚁金服区块链跨境汇款，即由港版支付宝 ALIPAYHK 的用户通过区块链技术向菲律宾电子钱包 GCASH 的用户汇款，并由渣打银行负责日终的资金清算及外币兑换。

三、主要清算模式发展特点与趋势

（一）当前发展特点

1. 短期和中长期的创新重点有区别。

一是短期看，基于代理行模式的渐进式支付创新占主导地位。

首先，卡支付、汇款公司和虚拟账户模式已经出现较长时间，均没有颠覆或者大范围取代传统代理行模式，这是由于这三种模式虽然都取得了长足发展，但是均存在一定限制。例如，卡支付长期局限于卡账户，汇款公司模式由于汇款信息透明度不够而多次被监管处罚，PayPal 虚拟账户与银行实体账户断点明显等。

其次，区块链支付在行业大规模应用上尚不足够成熟：一方面，不同银行的受益程度不同，例如，大型银行通常已在流动性和对账工具优化方面投入了巨资，对清算账户开户行的整体依赖度较小，区块链支付带来的益处不是非常清晰，而中等银行则希望借助区块链支付得到流动性和对账工具的优化。另一方面，每家银行都需要大量投入，区块链支付需要银行投入大量工作并升级后台应用系统，满足对信息的实时处理和更新要求。

二是中期看，区块链支付优于代理行模式，具有较大潜力。

在汇款速度上，将跨境信息的传递和处理方式变串行为并行，即汇款人发起申请后，不再是逐行传递的“串行处理”，而是利用区块链技术同时生成多个信息区块，一旦汇款链条上各方的处理结果均为通过，各方同时完成账户处理和资金转移。

在汇款体验上，区块链支付提前确定汇款路径，并进行汇款信息预校验，可以为客户提供确定的汇款服务，而传统银行在代理行模式下发出跨境汇款后，需要在对手银行处理后才知道处理结果，可能产生查询查复，影响客户体验。

在汇款成本上，区块链支付基于共同的清算账本，可以实现汇款双方银行对每笔汇款入账的实时确认，银行不再需要对清算账户和影子账户进行对账，节省运营成本，同时由于实现了银行实时掌握清算账户中资金的流动，也可以节省流动性成本。

三是长期看，数字货币的出现和应用，有望把跨境支付引入新的发展阶段。

2019 年 6 月 18 日，Facebook 公司宣布推出 Libra（后更名为 Diem），在跨境支付行业产生了强烈反响。数字货币是跨境支付的自然使用，它的出现将使居民与非居民之间、国内与国外交易之间的区别成为象征性的，从而推动跨境支付“无摩擦”。长远来看，数字货币虽然面临着监管合规、用户隐私等多重不确定性，但其本质上有助于提升用户支付体验，有望把跨境支付引入新的发展阶段。

2. 本地即时支付带动跨境体验提升。传统跨境支付依赖本地支付系统进行资金清算，而本地支付系统一般都由各国家/地区监管机构统一制定规则和规划实施。由于各本地支付处理要求不尽一致，只能依靠商业银行等市场参与者自身进行适应和调整。目前，很多国家和地区正在推进本地实时支付系统的建设，进一步提升本地支付的处理效率和客户体验，例如，中国、澳大利亚、英国、新加坡、中国香港、美国、欧盟等。这些基础设施的完善，一方面，使客户在获得优质本地支付体验的同时，也对跨境支付体验提出了更高要求。另一方面，通过支持本地支付 7×24 小时连续运行，取消了运行截止时间限制，使跨境即时支付变为可能。

3. 跨境支付业务集中度将逐渐提升。跨境支付业务将从中小银行向国际大银行集中。一方面，面对全球监管环境趋严的情况，全球代理行网络不断收缩，跨境支付已经成为高风险业务品种，提高了业务的行业准入门槛。根据 SWIFT 统计，全球75%的银行已经撤销与部分代理行间的业务关系。另一方面，国际大银行积极投入资源，跟进多种跨境支付创新，一旦确定某种创新具有良好市场前景共识，将快速推进，抢抓业务机会，其跨境支付产品的优势积累将逐渐超过中小银行。

4. 第三方支付机构的跨境业务将向头部企业集中。近年来，很多支付机构都切入跨境支付领域，目标客群首先定位于零售客户，正在向中小企业客户延伸，逐渐蚕食银行的跨境支付业务。随着市场竞争趋于激烈，预计将出现取得垄断地位的头部企业，呈现类似于国内支付“赢家通吃”的第三方支付服务局面。

综上所述，国际大银行和大型支付机构更有机会获得跨境支付业务的集中，两者之间的竞争合作关系也将更加复杂。

（二）外部协同创新是重点趋势

在跨境支付清算领域，包括商业银行在内的参与者，经营重心开始由内部转向外部，借助合作伙伴，不断拓展客户价值。

1. 协同带来支付价值的更大拓展。在工业化时代下，银行的边界相对清晰，都是在明确的空间内寻求发展，并将其他同业视为竞争博弈的对象，客户则是博弈结果的裁判，其遵循的是竞争逻辑。随着互联网技术以及数字技术的飞速发展和快速普及，银行可以在更大范围内获得协同平台，也更容易参与协同发展的价值网络，其遵循的是协同逻辑。

总体上，竞争逻辑的立场在于银行，协同逻辑的立场在于客户，从“以银行为中心”到“以客户为中心”的根本转变，使银行更加注重客户新的需求和价值主张，响应了数字化时代下回归到“以人为本”的层面上来。跨境支付清算本身具有网络效应，即全球代理行通过加强外部协同，共同打造更强大的跨境支付网络，能够帮助客户更好地相互交换资金，就会吸引越多用户使用，用户总量的扩大必然带来代理行网络支付价值的增加。可以说，银行在跨境支付清算领域更适合应用协同逻辑，拓展新的支付价值。

2. 协同的关键是支付数据互通共享。随着大数据时代的到来，在跨境支付领域加强外部协同，提升客户支付体验，关键在于实现不同银行间支付数据的互通共享，消除信息孤岛，提高整个支付链条的自动化处理效率。从银行业界实践情况来看，主要有三个工作重点：

一是GPI项目，GPI项目解决目前代理行模式下跨境汇款效率低、汇款过程不透明、不可预测等问题，本质上是通过加强GPI银行间支付信息共享，规范GPI银行支付处理水准来实现的，其中最核心的功能是SWIFT组织建设的云端数据库Tracker，该数据库通过与GPI银行交互支付信息，掌握了大量费用、时间戳等支付信息。

二是区块链技术，区块链技术在解决商业及社会问题上通常采用联盟链，其本质上是一个分布式账本，通过共享账本实现多方业务协同和数据共享。例如，摩根大通于2017年10月推出了IIN网络（Interbank Information Network），允许摩根大通与其他银行交换信息以解决某些跨境支付的合规问题。

三是ISO 20022标准迁移，根据SWIFT组织发布信息，自2022年起至2025年，将通过3年并行期，逐步完成SWIFT支付类报文由MT标准向ISO 20022标准的迁移。同时，欧洲中央银行及英国、中国香港等国家和地区的监管机构也于近期发布计划，其各自的本地清算系统将陆续迁移至ISO 20022标准。未来4年，以SWIFT为代表的主要金融基础设施的密集升级，将支持跨境支付清算业务传输更丰富的支付栏位和数据信息，有助于加强跨境基础设施与本地市场互联互通，得到了全球国际化大型银行普遍高度重视。

四、相关策略建议

面对国际国内双循环发展格局战略要求，以及行业快速创新发展的挑战和压力。商业银行要重点聚焦清算模式的创新探索，积极参与外部协同，强化内部创新机制，构建核心竞争壁垒。

（一）短期内坚持传统代理行模式创新

重点做好ISO 20022标准迁移工作，同步跟进GPI项目实施。一是安全合规性高，两项工作没有改变目前跨境支付业务的监管规则。二是竞争优势强，其报文标准及业务规则可以强制约束全球银行遵循相同的处理规范。同时，也要注意把控协同风险，实现与银行业务实际的紧密结合。

（二）中长期积极探索区块链支付模式及数字货币应用

密切关注行业动态，持续做好新知识积累和新技术储备，保持创新前沿。以协同生态为指引，重点围绕区块链支付和数字货币，适时构建或参与生态建设，一旦确定具有良好市场前景共识，快速推进，抢抓业务机会，降低创新风险。

（三）持续跟进卡支付的跨境清算结算创新

基于卡支付的跨境支付产品体验正在不断提升。银行要持续跟进，结合实际情况进行研判，在有效提升客户支付体验的前提下，及时进行应用。

（四）强化内部创新统筹机制

着力解决内部统筹不足的痛点，一是统筹做好业界创新趋势研判，以业务价值为导向，同步做好客户服务，不断提升产品创新竞争力。二是加大对基础设施的投入，挖掘和利用 GPI 和 ISO 标准迁移带来丰富的跨境支付数据，同时积极对接外部协同生态，构建面向未来的新的跨境支付清算优势。

参考文献

［1］艾瑞咨询．2020 年中国第三方跨境支付行业研究报告．https：//www.iresearch.com.cn/m/Detail/report？id =3661&isfree =0，2020 –10 –09.

［2］陈春华，朱丽．协同：数字化时代组织效率的本质［M］．北京：机械工业出版社，2019.

［3］White Paper – International Payments：Accelerating Banks' Transformation，BCG – SWIFT，September 2017.

［4］A Vision for the Future of Cross – Border Payments，McKinney，SWIFT，2018.

［5］Gpi Real – time Nostro Proof of Concept，SWIFT，February 2018.

［6］The Future of Correspondent Banking Cross Border Payments，SWIFT INSTITUTE WORKING PAPER NO. 2017 –001.

RCEP 背景下完善区域跨境支付清算体系的思考

文/陈燕和　潘　玉　易庆玲*

摘要： 资金跨境支付清算是国际贸易中的重要环节，区域跨境支付清算体系是资金跨境流动的重要媒介。在当前复杂的国际形势下，完善区域跨境支付清算体系具有重要意义，而 RCEP 为在完善监管、维护金融稳定前提下有序完善跨境支付清算体系创建良好制度环境。应加快自主跨境支付交易信息通道建设，设立 RCEP 区域金融电讯协会，完善区域支付清算机制和人民币跨境支付清算系统功能，推动技术标准对接，便利人民币使用，使区域内形成独立多币种跨境清算体系。

关键词： 跨境支付清算　RCEP　金融合作

2020 年 11 月，东盟 10 国和中国、日本、韩国、澳大利亚、新西兰共 15 个国家正式签署《区域全面经济伙伴关系协定》（*Regional Comprehensive Economic Partnership*，RCEP），标志着全世界范围内人口最多、经济总量最大的自由贸易区正式形成。跨境支付清算系统是国际贸易中的重要设施，主要任务是安全、高效地实现货币所有权在经济参与各方间的转移。而 RCEP 各成员国在框架内达成统一适用的金融服务规则，有利于提升金融监管透明度，为跨境资金安全便捷转移提供良好环境。

一、RCEP 背景下完善区域跨境支付清算体系的重要意义

RCEP 成员国产业发展覆盖从原材料、中间零部件到产品总装的全产业链条的各个环节，在全球产业链条中具有举足轻重的地位，能够有效消除区域内的货

---

* 作者单位：中国人民银行南宁中心支行。

物和服务贸易关税壁垒，有效减少企业贸易间的不确定性，提升贸易便利化。RCEP背景下，区域贸易增长和产业链融合程度加深，将进一步带动金融服务需求快速增长，同时区域内对资金跨境支付清算服务的效率性和安全性提出了更高的要求。2020年RCEP成员国金融服务进出口总额达到913.4亿美元，较2019年增长6.54%，区域内金融服务发展空间巨大。RCEP背景下完善区域跨境支付清算体系具有以下重要作用和意义：

第一，增加各方国际政治经济博弈筹码。随着跨国经济金融制裁事件日益增多，跨境支付清算已成为国际政治经济博弈的核心利器。美国凭借美元霸权和自身强大的经济实力，通过其实际掌控的纽约清算所银行同业支付系统（Clearing House Interbank Payment System，CHIPS）等，使被制裁对象无法进行美元跨境资金交易，通过SWIFT掌握被制裁对象的资金动向，并精准将其排除在美元结算系统之外，例如，在美国经济制裁下，伊朗的石油贸易无法使用美元来结算，这对伊朗国际贸易、国内经济发展带来长期的、重大的负面影响。

第二，确保各国金融信息安全与独立。建设自主区域跨境清算体系，形成独立的金融信息传输通道，是维护国际贸易大国经济金融安全的必然选择。目前全球主要新兴经济体都在围绕“去美元化”开展贸易结算机制创新，建立跨境清算信息传输平台和资金清算机制。例如，德法英三国合作设立了贸易互换支持工具（INSTEX），并与伊朗进行商贸往来，摆脱美国长臂管辖威胁；俄罗斯打造了名为金融电文信息传输系统（SPFS）的支付系统；“金砖五国”正在联合着手创建名为金砖支付（BRICS Pay）的统一支付系统，目标是“金砖五国”彼此之间可在未来使用本国货币作为流通和支付工具进行贸易结算。

第三，完善区域跨境清算体系是人民币国际化和“一带一路”建设的重要支撑。CHIPS和SWIFT是美元全球使用的重要金融基础设施，并对美元的安全高效清算发挥了重要作用。随着人民币国际化深化发展，中国必须加快区域跨境清算体系这一配套金融基础设施建设。特别是在中国参与其中的区域性经济体经贸密切、区域双边本币结算对跨境清算服务需求强烈的背景下，更需加快区域跨境清算体系建设，尽快满足其需求。

二、RCEP区域内跨境支付清算体系问题

RCEP成员国跨境支付系统主要包括中国人民银行人民币跨境支付系统

（CIPS）、新加坡快速安全转账系统（FAST）、新加坡金融管理局和通信媒体发展局联合发布的快速反应编码系统（SGQR）、泰国大城银行区块链解决方案等。CIPS已经成为中国与RCEP成员国支付清算结算的重要基础设施，采用实时全额结算、定时净额结算机制，支持付款交割结算、人民币对外币同步交收、中央对手集中清算等资金结算模式，覆盖RCEP成员国各主要时区。截至2020年末，东盟国家超过70家金融机构成为CIPS的参与者，澳大利亚、日本、韩国、新加坡、马来西亚、泰国、菲律宾7国已经建立人民币清算安排。但从整体上看，区域内跨境清算结算仍存在以下问题：

第一，现有跨境结算渠道未能有效满足RCEP双边本币结算需求。中国—东盟互为第一大贸易伙伴，随着RCEP贸易往来日益增多、金融联通日益频繁，跨境支付结算成为经贸交流的关键环节。但在跨境结算中RCEP高度依赖美元结算体系，贸易双方企业须承受美元汇率波动风险带来的汇兑损失，因此RCEP成员国具有强烈的本币结算需求。由于RCEP一体化跨境支付结算体系尚未搭建，区域内本币结算范围仅限边境地区与周边国家，大部分跨境贸易结算仍需通过绕道美元来实现，不利于RCEP区域内实现自由贸易。

第二，国际跨境支付结算体系便利性不足。目前银行电汇普遍采用环球银行间金融电讯协会（SWIFT）通道实现跨境汇款。在实际运行中，SWIFT需与各国的跨境清算系统相连，才能实现跨境支付。但此方式存在时效性低、交易进度慢、中间环节多、收费项目多（包括电报费、手续费、中转费等）、总费率高昂（合计3%左右）等问题。同时SWIFT实行严格的会员制，会员仅限国际银行及有一定实力的金融机构，对经济基础薄弱国家的大部分金融机构设置了一个较高的准入门槛，限制了国际金融信息服务覆盖面，增加了RCEP成员国跨境支付成本。

第三，人民币跨境支付体系不够健全。随着中国经济占全球份额上升、CIPS不断完善，人民币国际化地位得到极大提高，人民币成为RCEP跨境结算的重要货币。然而，与美元结算体系相比，人民币跨境支付体系存有薄弱环节。在业务结构上，人民币跨境贸易结算需求客户高度集中于亚太周边新兴市场国家和地区，业务结构主要应用场景为跨境电商，呈现出“小额、高频”特征，在大宗工业品国际贸易领域人民币的结算占比也较低。在系统功能上，CIPS主要为参与者跨境人民币支付业务等提供资金清算结算服务，在跨境报文传递时仍旧对

SWIFT存在依赖，在报文字段上最大限度地选择和SWIFT格式兼容，不利于人民币跨境支付清算的处理和数据安全。在监管上，CIPS对跨境资金异常流动风控能力尚不足，人民币资金特别是短期大量资金借道CIPS跨境流动集中进出，不利于人民币汇率稳定和金融市场秩序的维护。另外，人民币跨境监管制度建设相对滞后，由于国内尚无专门的法律法规来规范跨境支付业务，加上跨境支付结算受不同的法律体系管辖，客观上增加了实施监管的难度。

三、RCEP背景下完善区域跨境支付清算体系面临重大发展机遇

（一）RCEP为建设区域跨境支付清算体系创造有利条件

RCEP成员国在《服务贸易》附件一《金融服务》明确了新金融服务、金融信息转移和处理、支付和清算系统等领域的国民待遇原则①，为金融数据流动提供有效路径，有利于统一监管标准，完善支付清算结算基础设施，有利于构建区域一体、主体多元、兼容性强、流动性好、监管透明的区域跨境支付清算体系，提升结算效率，提高RCEP成员国金融机构对CIPS的认可度。RCEP落地生效有利于加强中国与成员国在法律框架、技术标准、信息安全、合作协调方面的对话协商，为中国与成员国的数字金融合作提供更大空间。

（二）成员国对建设区域跨境支付清算体系意愿强烈

RCEP区域内双边本币合作为跨境支付清算体系建设奠定良好基础，有利于降低双边贸易结算汇兑成本。中国与越南、老挝签署双边本币结算协定，与印度尼西亚签署本币结算合作框架谅解备忘录并在2021年启动双边本币结算，中国与这些国家间的双边本币结算取得良好效果。2016年以来，与印度尼西亚、马来西亚、泰国、菲律宾四国签署《双边本币结算框架协议》（*Local Currency Settlement*，LCS），在双边贸易中引入本币结算。2019年，印度尼西亚向东盟秘书处提交《东盟本币结算指导原则（草案）》，希望将LCS复制到整个东盟，并向外扩展至主要贸易伙伴，以规避使用美元结算的汇率风险，降低汇兑成本。

① RCEP《金融服务》附件第三条规定，在新金融领域，如果缔约方的金融机构能够在国内无须通过新法律或者修改现行法律的情况下提供新的金融产品，那么另一缔约方的金融机构在东道国领土内也可提供类似服务。第九条要求缔约方不得阻止其领土内的金融服务提供者从事日常营运所需的信息转移，包括通过电子或其他方式进行数据转移等。第十一条规定每一缔约方应当允许另一缔约方的金融机构进入由东道国公共实体运营的支付和清算系统，并根据国民待遇条款和正常商业运行条件获得官方融资以及再融资安排。

2019年12月，印度尼西亚与日本也签订了LCS。由此可见，区域内成员国间建设区域跨境支付清算体系意愿强烈。

（三）金融合作对区域跨境支付清算提出更高要求

为更好地服务经贸合作发展，中国与RCEP成员国间的金融合作不断推进，截至2020年底，澳大利亚、日本、韩国、菲律宾、泰国、马来西亚、新加坡、印度尼西亚8个RCEP成员国在我国设立外资银行机构，中资银行则在其余14个成员国均设立银行分支机构，金融机构双边互设步伐加快，金融机构间跨境业务往来更加密切，资金跨境流动需求不断增长。随着中国金融市场双向开放格局加宽拓深，形成人民币合格境外机构投资者（RQFII）、人民币合格境内机构投资者（RQDII）、沪港通、深港通、债券通、沪伦通、直接入市投资、基金互认、黄金国际板等通道，中国与成员国间投资资金进出更加频繁地对跨境支付清算体系的安全和效率提出更高要求。

四、RCEP背景下完善区域跨境支付清算体系的建议

为进一步提升RCEP框架下贸易投融资支付清算效率，提升双边本币结算占比，维护区域内金融安全，提出以下建议。

（一）完善CIPS功能，提升CIPS影响力

CIPS是跨境人民币清算结算的重要设施，要积极完善拓展CIPS功能，积极提升CIPS在RCEP区域清算支付系统中的话语权并输出技术标准，为CIPS接入区域清算支付系统做好充分准备。一是建立自主报文系统。CIPS的直接参与者主要通过专线和SWIFT系统两种方式接入，在一定程度上还是依赖SWIFT报文，宜在CIPS上建立相适应的多币种跨境支付报文信息子系统，提升独立性。二是优化结算方法，CIPS主要采取实时全额结算与定时净额结算，需进一步优化调整为实时净额轧差清算机制，提升资金清算效率。三是强化风险管理能力，建立清算资金异动监测机制，将区域跨境清算系统与境内清算系统资金监测有机结合。

（二）通过援建推动技术标准对接，便利境外人民币使用

对RCEP部分尚未建立完善支付清算系统的国家，进行技术援建及资金支持，帮助其加快金融基础设施建设，加强其支付清算系统与CIPS对接兼容，适

用 CIPS 报文标准，增加金融服务供给，同时推动其国内商业银行加入 CIPS。支持中资商业银行完善与 RCEP 国家银行的代理关系，完善 RCEP 区域内人民币清算行安排，从柬埔寨、老挝、缅甸、文莱等金融基础设施不足的国家入手，逐步实现东盟国家人民币清算行全覆盖，提升银行办理人民币业务的便利度，推动当地银行在账户系统中增设人民币，开展对客人民币业务。

（三）探索设立 RCEP 区域金融电讯协会，完善区域支付清算机制

积极倡议对标 SWIFT，由 RCEP 国家银行共同发起设立金融合作国际组织——RCEP 区域金融电讯协会，并搭建相应的区域清算体系，便利各成员国清算结算系统接入，为成员国乃至“一带一路”沿线国家金融机构提供快捷、准确、优良的通信服务，提高区域内银行的结算效率。考虑到效率性和安全性，该系统应同时兼容 SWIFT 报文与 CIPS 自主报文标准。建设区域支付清算机制，在共同确立的安全控制总体框架下，参照 CLS（Continuous Linked Settlement）模式，以 CIPS 为主要载体连接 RCEP 主要国家核心支付清算系统，传递支付信息、开展双边本币支付清算，建立跨区域、安全高效、多币种支付清算联盟。

金融监管

国外支付机构监管及对我国的几点启示

文/杨瑞香　唐小玉　齐德珍　刘　蓓*

摘要：近年来，我国非银行支付机构业务快速发展，交易规模快速扩张，结合新兴的5G、大数据、云计算等技术，移动支付场景逐渐覆盖衣食住行各个领域，便捷的服务受到商户和消费者的青睐。但在便利交易的同时出现了诸多风险，对市场监管提出了更高要求。本文分析了我国非银行支付机构（以下简称支付机构）新业态下存在的问题和风险点，并从政策法规层级、反垄断监管、准入与退出机制、备付金监管以及消费者权益保护等方面借鉴国际经验，就规范我国非银行支付机构监管提出了政策建议。

关键词：非银行支付机构　监管

一、国外支付机构监管情况

国外支付机构监管制度法律层级普遍较高，实行反垄断监管，准入实行许可证制度，美国和欧盟支付机构备付金可用于低风险项目投资，美国、欧盟、新加坡均采取一定的消费者保护措施。

（一）美国支付机构反垄断监管力度较大，消费者权益保护法规制度层级较高，条款涉及面广，对消费者权益保护纳入问责范围

1. 政策法规、监管框架及准入规则。2000年，美国统一州法全国会议委员会发布《统一货币服务法》，该法是目前该领域最有代表性、最新的规则范本。

---

* 作者单位：杨瑞香，中国人民银行乌鲁木齐中心支行；唐小玉，中国人民银行乌鲁木齐中心支行；齐德珍，中国人民银行伊犁州中心支行；刘蓓，中国人民银行博州中心支行。

2. 反垄断监管。2021 年 6 月 24 日，美国众议院司法委员会通过了《美国创新与选择在线法案》《终止平台垄断法案》《通过启用服务交换法案》等六项反垄断法案。其中，《美国创新与选择在线法案》重点关注大型平台①的歧视性行为，要求平台不得限制用户卸载预安装应用程序，或通过更新默认设置的方式引导用户使用平台自有产品和服务。《终止平台垄断法案》禁止大型平台偏袒自己的产品和服务，如有违反则要求平台剥离自有品牌产品业务，同时还会对其处以年收入 15% 的罚款。《通过启用服务交换法案》为增强平台兼容性和竞争性，赋予消费者将数据从一家平台转移到另一家平台的权利，并要求主导平台与第三方平台间具有互操作性。

3. 准入与退出机制。《统一货币服务法》规定持证经营者需定期向监管机构报送相关报告②以及监管当局可暂停或是撤销支付机构许可证的 7 种情形③。在执法机制方面，《统一货币服务法》规定了各州监管者的年度检查（例行但需提前 45 日通知持证机构）等法律执行制度。对于违规经营、年检不通过的机构，监管当局可采取措施，终止、撤销该机构的业务许可，甚至要求该机构退出支付业务领域。

4. 备付金监管。监管机构要求支付机构对客户备付金和自有资金实行严格的分离管理。客户备付金存入银行视作支付机构的负债而不是银行存款，由联邦存款保险公司为每位消费者提供金额上限为 10 万美元的存款延伸保险。与我国不同，美国的支付机构备付金投资方向可以选择政策允许的低风险项目，如银行储蓄、高评级债券等。

5. 消费者权益保护。依据《电子资金转账法》④ 等法律法规对支付机构信息披露的形式、时间、内容以及违规责任作出了详细规定。《算法问责法案》和《深度伪造责任法案》将各类计算机算法的研发与应用纳入监管和问责范围，明确要求企业承担修复缺陷算法的责任，从源头规范利用深度伪造技术（人脸合

---

① 年净销售额或市值超过 6000 亿美元、美国境内月活跃用户达到 5000 万、拥有 10 万商业用户的平台。

② 一是持证经营者应当在 15 个工作日内向监管机构提交变动后的有关信息；二是持证经营者应当在财务年度结束后的 45 日内向监管机构提交授权代表名单、提供货币服务的场所列表等；三是报告重大事项，包括但不限于持证经营者破产或重整、解散或重组、执照被暂停、保证金减损等。

③ 一是支付机构违反本法以及根据本法采纳的原则、发布的命令；二是支付机构不配合监管机构的检查；三是支付机构故意的不当行为促成洗钱行为，或是故意的视而不见对消费者权益产生侵害；四是支付机构具有欺诈、虚假陈述或重大过失行为；五是支付机构提供的支付影响公共利益；六是依据支付机构的规模和条件，其提供的服务不安全、不可靠；七是支付机构无力偿债，或为债权人利益整体转让资产。

④ 见美联储官网《电子资金转账法》。

成、AI 换脸等）的冒名顶替行为等。伊利诺伊州颁布《生物信息隐私法案》，明确禁止售卖生物信息，除执法或者数据主体同意外，严禁披露相关生物信息。最后，伊利诺伊州以立法方式明确赋予公民诉讼权，过失或故意均需要对数据主体承担赔偿责任，其中故意侵权的，需要赔偿每一位原告 5000 美元。

（二）欧盟支付机构准入与退出条款更为详尽、谨慎，在消费者权益保护方面，明确若发生诈骗案件时支付机构和消费者的权益划分幅度

1. 政策法规。欧盟将支付机构定性为电子货币机构，并出台相关法律法规，主要包括《支付服务指令》《电子签名共同框架指引》《电子货币监管指令》等。

2. 反垄断监管。2020 年 12 月欧盟委员会发布《数字服务法案》《数字市场法》，其中《数字市场法》对客观标准被认定为“守门人”[①] 的金融科技企业的垄断行为提出明确监管细则，其中包括“守门人”应在特定情况下允许第三方与自己的服务进行交互操作，不能限制其用户访问其可能在“守门人”平台之外获得的服务等。如果“守门人”拒绝遵守这些规定，将会被处以公司全球年营业额 10% 的罚金数额。

3. 准入与退出机制。支付机构只要取得欧盟成员国的单一执照，便可在欧盟各成员国通用。根据《电子货币监管指令Ⅱ》，支付机构根据业务的类型必须获得银行业务或支付牌照才可从事支付机构业务，初始资本不得低于 35 万欧元，同时规定了豁免制度的条件——支付机构沉淀资金小于 500 万欧元且无违规操作。《支付服务指令》详细列出了撤销支付牌照的 4 种情形[②]，且要求监管机构披露相关信息。对于不再符合授予许可条件，或者未就此方面的重大进展通知监管当局的，可以撤销许可。

4. 备付金监管。欧盟支付机构按照《支付服务指令Ⅱ》要求，开立专门的信托账户存放客户备付金，并严格遵守存款保险制度相关要求。与美国相同，欧盟对于支付机构备付金投资方向管理相对宽松，客户备付金可用于安全、低风险

① 满足三个条件的金融科技企业：一是过去三个财政年度在欧洲经济区（EEA）实现年营业额等于或超过 65 亿欧元，或者在上一财政年度其平均市值或等值公平市价至少达 650 亿欧元，并在至少三个成员国提供核心平台服务；二是公司运营的核心服务平台上一财政年度在欧盟建立或位于欧盟的月活跃终端用户超过 4500 万，并且在欧盟建立的年活跃商业用户超过 1 万；三是享受或在不久的将来预期享有稳固而持久的地位，企业在过去三个财政年度中的每个年度都符合其他两个标准。

② 对存在如下问题的支付机构，将采取撤销支付经营牌照的处罚：一是明确放弃核准，或是一年内未展开已核准的业务；二是核准申请时的相关报备材料存在虚假；三是丧失获得核准的必要基础；四是继续经营将威胁支付系统的稳定。

项目的投资，总体投资规模被限定在支付机构自有资金的20倍以内。客户还可以根据规定，在任意时间赎回任意数额的资金，支付机构不得拒绝或收取手续费用。

5. 消费者权益保护。《支付服务指令Ⅱ》规定，当发生欺诈案件时，消费者只要及时通知支付机构，则此后再次发生的诈骗损失便由支付机构承担；对于消费者未能及时通知支付机构的，除非消费者有重大过失，否则消费者最多只承担150欧元，其余损失仍由机构承担。这就要求支付机构对平台的准入采取严格控制，避免发生诈骗案件。2018年，欧盟出台“史上最严格的个人信息保护法案”——《通用数据保护条例》，该条例规定：在商业领域中，运用人脸识别采集人脸信息的唯一许可条件是信息主体的同意，且这种同意必须是信息主体“自愿、具体、知情、明确”的意思表示。该条例加强对信息保护的力度，提高个人客户信息保护意识。

（三）新加坡《支付服务法案》层级高，支付机构准入采用“指定制度”和“牌照制度”，明确申请大型支付机构的条件，支付机构保证金不能用于投资

1. 政策法规。新加坡金融管理局于2020年1月28日起正式实施《支付服务法案》，增加了对境内转账服务、商户收单服务和数字货币支付服务三种业务类型的监管，填补了新加坡在诸多支付服务场景的监管空白。

2. 反垄断监管。《支付服务法案》规定达到两种情况①的大型企业必须申请大型支付机构牌照，基于其涉及金额大、风险高的特点，监管的范围涉及超过标准支付机构牌照所设额度的所有业务，牌照审批要求也更严格。《支付服务法案》还对大型支付机构提出下述要求：一是指定的支付系统运营商或主要支付机构必须允许第三方访问其运营的任何支付系统，并且所实施的访问制度必须公平且不具歧视性；二是主要支付机构必须加入指定的通用平台，以实现支付账户的互操作性；三是主要支付机构必须采用通用标准，使其广泛使用的支付方式具有互操作性。

3. 准入与退出机制。《支付服务法案》规定，准入主要采用“指定制度”和“牌照制度”两个渠道。“指定制度”授权金管局指定某一大型支付系统以保持

① 两种情况为：一是被许可人提供开户服务、国内汇款服务、国际汇款服务、商业采购服务、支付型通证服务中的一种或几种，某项业务月总交易量超过300万新加坡元或某两项业务及以上月总交易量超过600万新加坡元；二是被许可人提供电子支付服务，日均电子支付流水超过500万新加坡元。

经济稳定，或在产生垄断时指定另一支付系统加入竞争。“牌照制度”共设“货币兑换”“标准支付机构”“大型支付机构”三类牌照。

4. 备付金监管。《支付服务法案》规定，主要支付机构要与新加坡的任何银行或约定的金融机构签订协议，承诺对款项支付向客户承担全部责任，以新加坡金管局所要求的方式存入保证金账户，并以新加坡金管局规定的其他方式进行保护。

5. 消费者权益保护。《支付服务法案》规定个人支付账户中的余额（类似支付宝余额）不得超过5000新加坡元（1新加坡元约合5元人民币）；从个人支付账户每年流出的最大累计金额不得超过3万新加坡元。在移动支付服务商监管方面，法案要求主要支付机构必须采取措施保护客户资金免受损失。

表1　　　　支付机构监管的国际比较

项目	美国	欧盟	新加坡	中国
法律层级	属于国家层级的法律，法律层级高	由欧盟委员会发布，法律层级高	由新加坡金融管理局制定，法律层级高	部门规章和规范性文件
反垄断监管	《美国创新与选择在线法案》《终止平台垄断法案》《通过启用服务交换法案》等六项反垄断法案，禁止大型平台的歧视性行为、偏袒自己产品和服务等	《数字市场法》对客观标准被认定为“守门人”的金融科技企业的垄断行为提出明确监管细则	《支付服务法案》规定达到两种情况的大型企业必须申请大型支付机构牌照，同时对支付系统、通用标准及互操作性作了明确要求	《反垄断法》《平台经济领域的反垄断指南》明确了认定平台经济领域滥用市场支配地位行为的方法和考量因素
准入退出条件	准入实行许可证制度，每年年检，规定了可以暂停或是撤销支付机构许可证的7种情形	准入实行许可证制度和豁免制度，明确了撤销牌照的情形	准入实行许可证制度和豁免制度，采用“牌照制度”和“指定制度”	准入实行许可证制度，详细列出了吊销支付业务许可证的情形
备付金管理	可以选择政策允许的低风险项目投资，如银行储蓄、高评级债券等	缴纳保障金，沉淀资金可投资于规定的低风险系数项目	以新加坡金融管理局所要求的方式存入保证金账户，不能用于投资	100%放入人民银行专用账户统一监管，按活期存款利息返还支付机构
消费者保护措施	《商业面部识别隐私法案》《生物信息隐私法案》	《通用数据保护条例》	要求主要支付机构必须采取措施保护客户资金免受损失	《信息安全技术个人信息安全规范》《中华人民共和国个人信息保护法》（2021年11月1日生效）

二、我国支付机构监管基本情况和存在的问题

（一）监管规则法律层级低，震慑力度有限

近年来，人民银行出台的相关制度文件多数属于部门规章和规范性文件，法律层级较低，缺乏支付行业上位法，对违规支付机构的处罚退出机制不完善，跨部门监管协调难度大，影响了监管效率。2021 年 1 月，人民银行发布《非银行支付机构条例（征求意见稿）》（以下简称《条例》），首次将支付行业监管的部门规章升级为行政法规，法律效力更强。随着近年来支付服务市场的快速发展，支付机构监管法律层级需要尽快提升，出台支付机构监管法规。

（二）支付市场寡头垄断，小型支付机构违规风险凸显

据统计，2020 年人民银行针对支付机构开出罚单（按处罚字号）72 张，分布于 49 家不同支付机构。合计罚没总金额（含对责任人罚金）40243.15 万元，其中商银信支付服务有限责任公司因存在擅自中止支付业务、变相出借支付业务资质、为非法集资平台直接提供支付结算服务等 16 项违规行为，被人民银行营业管理部给予警告，并处罚款 6588.69 万元，这也是迄今为止监管机构对单一支付机构开出的最大罚单。究其原因是支付领域寡头垄断局面造成的。从市场份额来看，截至 2020 年 6 月末，支付宝、财付通占据超过 90% 的市场份额，其中，支付宝以 55.6% 的市场份额占行业的主导地位，财付通以 38.8% 的市场份额居第二位，其他小型支付机构短期内难以突破。

（三）备付金利用率低，支付机构盈利单一

目前，我国支付机构备付金均 100% 存管于在人民银行开立的 ACS 账户中，并定期按活期存款利率向支付机构支付利息，大量资金闲置，备付金资金利用率低。

（四）支付方式创新，信息泄露风险隐患较大

随着网络不断发展，刷脸支付等线上支付方式兴起，支付机构收集的信息更加全面和立体，过量收集客户信息和违规使用、倒卖客户信息的风险隐患凸显，严重侵犯客户合法权益。

三、国外支付机构监管对我国支付机构管理的启示

（一）提高支付机构监管法律层级

我国现有的部门规章层级较低，惩处的震慑力不足，可参考国际经验，如新加坡的《支付服务法案》，整合现有监管法规，加快推动法律层级较高的《非银行支付机构条例》《非银行支付机构行业保障基金管理办法》等法规出台。

（二）采取数据共享和差异化监管等反垄断措施

一是推动数据共享及系统的互操作性。借鉴美国经验，赋予消费者将数据从一家平台转移到另一家平台的权利，在注重保护消费者隐私的同时，增强数据的开放性和兼容性；借鉴欧盟“应在特定情况下允许第三方与自己的服务进行交互操作”的做法；借鉴新加坡“实现支付账户的互操作性以及使支付方式具有互操作性”的做法。目前我国已实现银联云闪付扫微信条码支付，下一步建议出台法规明确并推动更多支付方式、支付账户的互操作性，促进支付市场的开放性和包容性。二是探索建立差异化监管模式。借鉴新加坡《支付服务法案》对重要的大型支付机构建立更为严格的监管标准，建议针对不同规模的支付机构制定差异化监管政策，给予个别重要支付机构①更为严格的监管措施，维护市场上的公平竞争和社会公众利益。借鉴美国经验，对已经获得许可证的支付机构实行每年年检登记，畅通中小型支付机构退出机制。

（三）采用“保障金＋低风险投资”盘活备付金

借鉴美国、欧盟经验，参照银行机构备付金交存管理，通过支付机构缴纳足够比重的保障金，在风险可控的情况下，支持支付机构选择低风险项目投资，提高备付金利用率，拓宽支付机构盈利渠道。

（四）统一规范生物识别技术标准和信息泄露责任

借鉴美国经验，将各类计算机算法的研发与应用纳入监管和问责范围，明确过失或故意均需要对数据主体承担赔偿责任。一是推动建立统一的刷脸支付商用技术标准，明确面部信息采集、使用和技术安全规则，严格审核刷脸支付终端设

① 资产规模、渗透率等方面趋于垄断的支付机构。

备生产者、提供者和持有者，将各类计算机算法的研发与应用纳入监管和问责范围，明确承担修复缺陷算法的责任，从源头上规范利用深度伪造技术（人脸合成、AI 换脸等）的冒名顶替行为等；二是规范生物数据的采集、存储、使用、共享和删除等行为，以“最少够用”为原则，避免支付机构过度收集客户信息，并明确后续处理措施和信息泄露后支付机构及个人赔偿金额。

参考文献

[1] 新加坡金融管理局官网．关于支付服务法案的解释性摘要［OL］. https：//www. mas. gov. sg/news/speeches/2018/explanatory – brief – on – the – payment – services – bill。

[2] 新加坡金融管理局官网．2019 年支付服务法［OL］. https：//sso. agc. gov. sg/Acts – Supp/2 – 2019/Published/20190220？ DocDate = 20190220。

[3] 美联储官网．电子资金转账法［OL］. https：//www. govinfo. gov/content/pkg/USCODE – 2010 – title15/pdf/USCODE – 2010 – title15 – chap41 – subchapVI. pdf。

[4] 欧盟委员会官网．支付服务指令 2［OL］. https：//ec. europa. eu/info/law/payment – services – psd – 2 – directive – eu – 2015 – 2366 _ en。

[5] 电子货币 – 指令 2009/110/EC［OL］. https：//ec. europa. eu/info/law/e – money – directive – 2009 – 110 – ec _ en。

[6] 美国统一法律委员会．统一货币服务法［OL］. http：//www. uniformlaws. org/Act. aspx？ title = Money Services Act。

无证经营预付卡业务判定标准与监管建议

文/侯圣博*

摘要：预付卡消费作为一种新型消费，在带来优惠与便利的同时，也因商家“跑路”频发导致消费者权益受损，甚至影响社会稳定。近年来，电子预付卡新业态的出现，导致人民银行与商务部门间或有监管标准模糊。为弥补监管空白，打击监管套利，本文提出可以“预付卡消费场景下的经营者是否为发卡机构”作为无证经营多用途预付卡业务之判定标准。在尊重现行法规、满足依法行政基础上，提升法规可操作性与可接受性。此外，建议加强预付卡监管领域信息共享与协作，强化消费者权益保护政策宣传与教育，适时修订法规。

关键词：预付卡　无证经营　电子卡

一、引言

预付卡，是指企业以特定载体和形式发行的，可在特定机构购买商品或服务的预付价值。因兼具融资与营销功能，预付卡消费自诞生起即受市场热捧。近年来，随着电子商务蓬勃发展和移动支付的广泛应用，推动预付卡开卡、消费活动逐渐从线下迁移到线上。品类繁多的电子预付卡券使预付卡市场呈快速增长趋势。据商务部官方统计，我国 2019 年全年预付卡发卡金额达 5732.04 亿元，其中虚拟卡发卡金额同比增幅高达 44.19%。[①]

---

* 作者单位：中国人民银行营业管理部。

① 商务部.2019 年单用途商业预付卡市场发展报告［R/OL］. http：//scjss. mofcom. gov. cn/article/jd/jdzc/202010/20201003010711. shtml，2020－11－19。（本部分统计数据主体为商务部备案单用途预付卡）

预付卡监管方面，按使用范围可分为多用途预付卡和单用途预付卡两类。多用途预付卡为中国人民银行及其分支机构监管，单用途预付卡则由中央和地方商务部门监管。现实中，随着电子预付卡券的出现，持卡人消费场所向网上迁移，使得传统场景下按使用范围划分的监管界限逐渐模糊。个别企业利用监管灰色地带无证经营预付卡业务，甚至挪用客户资金后“跑路”，带来巨大风险隐患。

二、互联网新业态下预付卡监管面临的问题

（一）监管执法标准难以统一

根据《支付机构预付卡业务管理办法》（中国人民银行公告〔2012〕第12号，以下简称《预付卡管理办法》），多用途预付卡是指可在发卡机构之外购买商品或服务的预付价值。商务部《单用途商业预付卡管理办法》（商务部令2016年第2号）则规定，单用途商业预付卡是指仅限在本企业或本企业所属集团或同一品牌特许经营体系内兑付货物或服务的预付凭证。实践中，通常结合消费者持预付卡消费的场所、实际经营者等事实，综合判断预付卡使用范围为发卡企业或是以外的第三方企业。

近年来，电子卡券或实体卡绑定电子账户模式因其操作简便、使用方便的特点，在预付卡市场中渐成主流。各类企业员工福利卡、节日礼品券等预付卡均可绑定电子账户，于发卡企业的网上商城选购后邮寄收货，或兑换其他企业商品、卡券后，供消费者二次使用。

有观点认为，发卡企业所售卖商品包含食品、日用品、虚拟产品等众多品类，并非企业自主生产或购进，发卡企业仅为代销，属于《预付卡管理办法》规定的“在发卡机构之外购买商品”，若此类卡券能够跨行业、跨地区、跨法人使用，应认定为无证经营多用途预付卡。也有观点认为，网上商城为发卡企业自主设立运营，商品均为发卡企业邮寄（虚拟商品多为发送电子券码）交付，故应属于“在本企业内兑付货物或服务”的单用途预付卡。

《预付卡管理办法》颁布至今逾9年，特别是近年来，正值移动支付迅猛发展。“互联网+”背景下预付卡新业态的出现，导致既有监管规则难以精准适用，可能造成各地监管机关执法标准不统一，引发行政法律风险。

（二）客户资金安全风险大幅提升

根据中国人民银行规定，多用途预付卡企业发卡收取的消费者资金，由中国

人民银行统一进行100%全额集中存管，资金安全保障度高。而经商务部门备案的单用途预付卡企业发卡收取的消费者资金，其存管方式则为企业按比例提取后存放至其合作的商业银行，根据《单用途商业预付卡管理办法》，其比例一般为20%～40%。个别非持牌或备案的发卡企业预收资金则完全由企业自行管控，资金收支流向难以监管。在企业内控机制不健全的情况下，容易产生挪用、截留预收资金的风险，消费者及合作商户的资金安全难以保障。在极端情况下，甚至可能引发群体性事件，威胁社会稳定。

（三）催发预付卡市场“劣币驱逐良币”

无证机构多采取预存现金打折、充值返现或赠物等方式吸引消费者大额资金充值，进而享受自设资金池收益。相比较之下，持证机构受《预付卡管理办法》等人民银行监管合规约束，在售卡方式、金额、商户拓展等方面均存在诸多限制，且无法利用预收款“资金池”，成本自然高企，展业过程中存在价格劣势，面临被市场挤出的风险。部分无证机构面对监管，打起政策“擦边球”，人民银行约谈时声称归属商务部门监管，面对商务部门则声称归属人民银行监管，搞“骑墙式”经营，游走在监管“灰色地带”。如不能对此进行有力打击，将造成市场“劣币驱逐良币”的不良效应，严重干扰预付卡市场秩序。

三、无证经营预付卡业务的判定标准

经营多用途预付卡业务系行政许可事项，即属于“持牌经营”。随着近年来支付行业迅猛发展，尤其是2016年4月，中国人民银行等十四部门联合印发《非银行支付机构风险专项整治工作实施方案》（银发〔2016〕112号），其中明确指出“按照总量控制、结构优化、提高质量、有序发展的原则，一般不再受理新机构设立申请”，持“预付卡发行与受理”牌照的支付机构仅142家①。而单用途预付卡业务经营则属于备案事项，准入条件相对较低。根据商务部统计数据，全国单用途预付卡企业已逾6000家②，系前者40余倍。如不能清晰界定无

① 中国人民银行．已获取许可支付机构名录［OL］．http：//www.pbc.gov.cn/zhengwugongkai/4081330/4081344/4081407/4081702/4081749/4081783/index.html，2021－02－10。

② 商务部．2019年单用途商业预付卡市场发展报告［OL］．http：//scjss.mofcom.gov.cn/article/jd/jdzc/202010/20201003010711.shtml，2020－11－19。

证机构边界，则对持证机构监管的权威性也将受折损。

（一）实践中存在的观点

有观点认为，若将“发卡企业—客户”的关系替换为“生产者—消费者”，即可以以“商品是否为发卡企业生产”作为判断标准。凡消费者持卡所兑付货物为发卡企业自主生产，即属在发卡企业内购买，为单用途预付卡；常见如餐饮、住宿、修理、居民服务等企业所发行储值卡。反之，消费者持卡所兑付货物非发卡企业自主生产，即属在发卡企业外购买，为多用途预付卡；常见如综合商场、电商网站储值卡。

笔者认为，该标准过于严苛。首先，该模式下忽视了“销售者”在市场经济中的重要地位，其“自产自销”的思想与当前活跃的市场经济形势显然不相匹配；诸如实体超市、零售等店铺销售非自主生产商品仍显属本企业内消费行为。其次，要求企业发卡只能销售自主生产商品，或自建存储货物的物流体系，否则即须申请“支付业务许可证”，也将大大提升预付卡企业的设立门槛，严重限制市场经济活力。

还有观点认为，可以“商品是否为发卡企业所有”作为判断标准。即发卡企业享有消费者兑付货物的所有权，则视为在发卡企业内购买商品，属单用途预付卡范畴；绝大多数实体餐饮、商超店面发卡均在此列。反之，发卡企业销售货物非本企业所有，则视为在发卡企业外购买商品，属多用途预付卡范畴，至于企业实际经营场所、销售方式等，均在所不论。现实中，部分预付卡电商平台、预付卡兑换其他企业代金券的经营模式则属此列。

笔者认为，该标准在实践中虽较易于操作，监管机关只需检查企业售卖商品交付流程、购销合同关于货物交付的约定，即可作出判断。但考虑代销情形下，发卡企业仍可以与商户自主约定所有权转移事项①，规避监管进行套利，故如采取此标准则过于宽松。

（二）基于消费者权益保护的识别路径

由上可见，借鉴私法规范辅助判断预付卡兑付范围是属于发卡企业之内或之外，虽判断较为简单易行，但也易导致标准过宽或过严，影响监管效能。笔者认

---

① 发卡企业可根据《民法典》“物权编”第二百二十八条“占有改定”的相关规定，在发卡企业享有商品所有权的情况下，与商户约定由商户向持卡人交付商品。

为，应采用《消费者权益保护法》（以下简称《消法》）中的公法逻辑范式，以“预付卡消费场景下的经营者是否为发卡机构”作为判定标准，即考察发卡机构是否对持卡人的消费行为承担经营者义务，如售前环节的商品信息展示义务、提供义务，售中环节的交付商品义务，以及售后环节的质量保障义务、出具单据义务、退换货义务等。如是，则相关商品、服务即为在发卡企业内购买；反之，则为在发卡企业外购买。

通过上述具体标准，即可“庖丁解牛”式精准认定企业是否涉及无证经营多用途预付卡业务。理由如下：

1. 尊重法规文本，符合依法行政原则。《消法》作为消费领域的基本法律，《预付卡管理办法》规定的“购买商品或服务”行为应受《消法》约束。故根据《消法》，若发卡机构是经营者，则该预付卡即属于单用途预付卡；反之，则属于多用途预付卡。

2. 提升执法效能，增强执法操作性。以“非公司自主购进商品”“线下自主选购商品”和“提货券、代金券类产品”三种“模糊地带”消费模式为例分析：

（1）非公司自主购进商品：李某持 A 公司发行预付卡在其网上商城选购了坚果礼盒，A 公司将订单信息同步坚果厂家，厂家发货寄交李某。因李某是根据 A 公司商城展示信息选购、商品根据 A 公司指令交付、订单票据等均由 A 公司出具，故 A 公司即为实际经营者，其扮演角色类似于线上超市。该商品应认定为在发卡机构 A 公司处购买，其发行购物卡不属于多用途预付卡。若该商品由李某至 A 公司线下提货点（如某超市）自提，仍不改变其法律关系。即超市仅根据与 A 公司的仓储或保管合同关系，提供货物存储与提取服务，并不对李某（消费者）承担商品质量保障等相关经营者义务。

（2）线下自主选购商品：李某持 A 公司发行预付卡在 A 公司合作蛋糕店订购生日蛋糕一个。因李某是根据蛋糕店展示信息选购、定制，商品由蛋糕店交付或指示交付，取货凭证等均由蛋糕店出具、保存。故该商品即是在发卡机构之外购买，属于多用途预付卡。

根据（1）、（2）情形，可以延伸推演得知：如李某在 A 公司网上商城订购蛋糕 1 枚，A 公司将李某信息同步至合作蛋糕店，后李某与蛋糕店约定蛋糕款式、字样、取货方式、配送时间等信息，此情形下，该商品仍为李某自主选购，其实际经营者为蛋糕店，而非 A 公司。故该商品即是在发卡机构之外购买，仍为多用途预付卡。

（3）提货券、代金券类产品：因提货券、代金券并非商品，而是预付凭证，故提货券、代金券本身即属于《单用途商业预付卡管理办法》规定的单用途预付卡。若李某持A公司发行预付卡购买合作商家的提货券、代金券后，再持券选购商品时（如进店购买蛋糕），即与前一种情形一样，为在发卡机构之外购买，此预付卡为多用途预付卡。

3. 弥补法规“失灵”，提升法规可接受性。法规过于严苛或宽松，均会导致法规“失灵”。以《消法》作为判断标准，则即可激发市场主体活力，也能有效规避监管套利，提升法规可接受性。

四、监管建议

（一）加快推动立法进程，细化、明确预付卡监管边界

因人民银行与商务部门在预付卡监管领域出台办法均为部门规范性文件，法律位阶较低，相关监管标准未经法规确定，易造成各地人民银行分支机构间、人民银行与商务部门间标准不统一，导致执法过宽或过严。建议人民银行与商务部门加快推进立法进程，各司其职，细化明确预付卡监管边界。

（二）密切监管机关间沟通交流，加强信息共享

人民银行作为多用途预付卡监管机关，与商务部门统一监管标准可使双方在预付卡监管领域形成合力，互为补充。面对预付式消费问题，人民银行分支机构与地方政府商务部门应密切沟通交流，协调配合，加强违规线索、执法信息等共享，如此才能形成监管合力。

（三）强化消费者权益保护政策宣传与法制教育

监管机构和自律组织可通过媒体、官方网站、线下宣传活动等多种形式，加强对社会公众和商户的法律知识教育。提高支付业务甄别能力，拒绝购买或受理无证机构发行的“多用途预付卡”。

金融基础设施

大额支付系统风险度量研究文献回顾

文/王建伟　侯鸿璠*

摘要：作为重要金融市场基础设施，大额支付系统的风险管理至关重要。识别和度量风险是风险管理的基础。本文根据国内外对大额支付系统流动性风险、操作风险、信用风险及系统性风险度量的最新研究现状，通过跟踪梳理近年来的代表性文献，力图提炼大额支付系统风险度量的重要指标及方法。在此基础上，以《金融市场基础设施原则》为指引，对既往研究进行剖析评论，以期对我国大额支付系统风险度量的研究提供有益的理论借鉴。

关键词：风险度量　支付系统　金融市场基础设施

金融市场基础设施是金融市场稳健高效运行的基础性保障，是实施宏观审慎管理和强化风险防控的重要抓手。大额支付系统处理交易笔数大、货币价值高、连接的系统和参与者通常较多，一旦发生风险事件，可能会成为流动性错配和信用风险等金融冲击的源头，并通过其广泛的连接成为传播风险的主要渠道。2008年国际金融危机爆发后，国际社会对金融市场基础设施的风险管理十分重视并达成广泛共识。2012年4月，CPSS和IOSCO正式发表《金融市场基础设施原则》(PFMI)，为金融市场基础设施（FMI）识别、监测、化解和度量风险提出了最低要求和详尽指导。

党的十八大以来，防控金融风险成为我国金融业改革发展的重点任务。党的十八届三中全会提出“加强金融基础设施建设，保障金融市场安全高效运行和整体稳定”。大额支付系统为企业、个人及金融市场提供跨行资金清算和央行货币最终结算，是社会资金流通的“大动脉”。保障支付系统安全、高效的运行，对

* 作者单位：中国人民银行清算总中心。

防范金融风险至关重要。有效识别并准确度量大额支付系统面临的潜在风险，是风险管理程序中最重要的一个环节，也是风险管理的基础。

根据《金融市场基础设施原则》，除系统性风险外，FMI 面临的风险还包括“法律风险、信用风险、流动性风险、一般业务风险、托管风险、投资风险和操作风险”。本文主要从流动性风险、操作风险、信用风险和系统性风险等方面进行文献回顾。

一、支付系统流动性风险及其测度

支付系统风险管理中，流动性风险和信用风险是开始最早、文献最丰富的领域。例如，Olivier 等（2008）发现，受美联储支付系统风险政策对参与者日间授信的变化，以及 CHIPS、CLS 等系统结算行为的影响，2006 年后，美国大额支付系统 Fedwire 中业务的时间分布更加集中，90% 分位业务量完成的时间比 2006 年之前更晚。Benos 等（2012）用交易数据研究发现，雷曼兄弟破产后的两个月，英国大额支付系统 CHAPS 的参与者支付速度变慢。尽管系统运营中断的风险事件没有发生，但支付延迟一定程度上增加了系统的流动性风险。Heijmans 和 Heuver（2014）通过研究 RTGS 实际支付业务，发现大额支付系统中的流动性来源除清算账户余额外，主要包括来账、银行间货币市场拆借、向中央银行借款和有抵押的日间授信。Hendrickson（2017）研究了美联储两项政策对 Fedwire 日间透支规模的影响。这两项政策分别是：美联储开始对超额准备金支付利率，对 Fedwire 的日间透支采取双层收费框架（有抵押的日间透支免费，无抵押的日间透支收取高额费率）。作者对 Fedwire 每日实际日间透支量、准备金利率、日间透支费率、联邦储备规模的季度增长率等变量进行 OLS 回归，发现两项政策显著影响了 Fedwire 的日间透支规模；美联储对超额准备金付息，使 Fedwire 参与者不需要在持有准备金的机会成本和持有抵押品用于日间透支的成本之间进行博弈。因此，对超额准备金付息的政策降低了参与者的日间透支需求，使更多银行间资金汇划业务使用准备金结算，从而提高了 Fedwire 的结算效率。

流动性风险测度方面，Benos 和 Zimmerman（2012）构建了度量运行中断造成的流动性风险的指标，并认为自雷曼兄弟破产后，支付系统运行中断对流动性的影响增大。Jurgilas 等（2014）利用 2003 年至 2009 年的 CHAPS 交易数据，估算了英国无抵押隔夜货币市场隐含的货币日间价值，认为日间银行间借款利率在0.09个基点到1.56个基点之间。金融危机前，这一隐含利率很低，但2007年至2009年，日间利率增长了10倍。作者认为隐含日间利率的提高，可以反映出日间抵押品的机会成本，从而可以用作衡量支付系统流动性压力的指标。Triepels等（2018）使用神经网络方法识别TARGET 2中单个银行的当日流动性离群值，可以利用RTGS数据识别银行挤兑苗头。Kaliontzoglou和Müller（2015）构建了一个可用于欧元系统全部银行的延时支付指标。牛晨等（2008）以未结算金额、总计排队等待时间和平均每笔结算时间3个指标，以2007年3月1日至7日大额支付系统直接参与者共5个工作日的支付业务数据为样本，测度系统流动性风险。帅青红等（2013）选取存贷比率、流动比率、拆入资金比率、拆出资金比率作为反映支付系统参与者流动性风险的指标，以8个商业银行的年报数据为样本，建立随机效应模型计算各银行的潜在流动性风险概率。

二、支付系统操作风险及其测度

巴塞尔银行监管委员会对操作风险的定义，是指由于程序、人员、系统不充足或者运行不当，以及因为外部事件的冲击等导致直接或间接损失的可能性。造成损失的可能性包括七个方面，分别是内部欺诈，外部欺诈，工作惯例和工作场所安全，客户、产品和商业惯例，实物资产损坏，业务中断和系统故障，以及执行、交付和流程管理。

对支付系统操作风险的研究主要关注“业务中断和系统故障”，国内通常译作“运行风险”。Clarke和Hanckock（2012）研究了支付系统的设计如何影响运行中断的可能性。Diehl和Müller（2015）研究了TARGET 2中的双边和多边借方限额（debit limits），发现参与者很少使用这些限额；即使使用了上述限额，其金额也极少调整。这些研究都认为，大额支付系统中的流动性节约机制有助于降低运行中断风险。Glowka等（2018）研究了TARGET 2中非正常低活跃度的问题。他们认为，参与者无法通过标准通道发送支付指令时，备份功能至少可以支持发送部分（非常紧急）的支付指令。

操作风险的测度方面，Klee（2010）主要研究联邦基金利率与商业银行准备金账户头寸的总体不确定性之间的关系，其构建的运行风险的测度方法提供了一个典型参考。Klee 以 Fedwire 每季度付款金额前 50 名的参与者为样本，将 30 分钟内未发出支付业务视为运行中断，发现 1998 年 1 月至 2007 年 8 月（2001 年 9 月 11 日所在的周及节假日除外）共 2403 个系统工作日期间，共识别出 573 次可能的运行中断，中断时间从 30 分钟（作者设置的下限）至 5.5 小时不等，中断市场的中位数为 47 分钟。Heijmans 和 Zhou（2019）基于欧洲大额支付系统 TARGET 2 的交易数据，构建了运行能力相对使用率和吞吐量指引 2 个指标，用于度量系统的 PFMI 中定义的运行风险。通过使用 TARGET 2 交易数据进行时间序列分析，用这些指标构建预测模型以进行异常值识别研究。Arjania 和 Heijmans（2020）修正了 Glowka 等（2018）的方法，使其适用于加拿大的大额支付系统 LVTS，并且使用参与者 2 年中报告的实际运行中断数据对算法进行了检验。这种算法不可避免地导致潜在的一类错误（假阳，即没有发生运行中断但被识别为中断）和二类错误（漏报，即没有识别出实际发生的运行中断）。Berndsen 和 Heijmans（2020）依照 PFMI，基于 TARGET 2 交易数据构建了风险指标体系，用于金融市场基础设施监管者和运营机构对大额支付系统的风险管理。蔡勇等（2017）构建了物理环境、硬件系统、系统软件、应用软件、系统建设、参与者加入退出、业务操作、技术操作、运维管理、外部服务风险、组织管理、信息安全管理及应急管理 13 个运行风险指标，运用层次分析法（AHP）确定各项指标的权重，选取 2013 年 1 月到 2015 年 8 月的月度数据为样本，对大额支付系统运行风险进行测度，发现 2014 年 1 月以前大额支付系统发生风险的概率较大，此后运行风险随着技术的成熟和系统的升级有明显的下降趋势；交易系统、信息系统和网络系统问题对大额支付系统运行风险的影响占比分别为 59%、27% 和 10%。

此外，随着近年来网络信息安全风险事件的增加，监管当局将网络风险视为一种操作风险，需要接受微观审慎的监管（Joseph 等，2020）。但是，针对此类风险的研究尚停留在风险管理框架的构架和应对措施方面，尚未针对其测度有定量研究。

三、支付系统信用风险和系统性风险及其测度

由于大额支付系统通常使用中央银行货币结算，央行货币是国家信用的体现，极端条件下可提供无限流动性，因此对支付系统信用风险和系统性风险的度

量研究，明显少于对中央对手方、证券结算系统等其他 FMI。

系统性风险的研究总是与流动性风险或信用风险同步进行。Adams 等（2010）研究了英国 RTGS 代理结算问题。在“分层”参与模式下，第二层参与者通过第一层参与者作为代理行参与结算业务。代理行之间的资金汇划通过 RTGS 进行，但同一代理行下的多家被代理行之间的业务都在代理行自己的账户下进行（内部业务），并不通过 RTGS。因此，这部分业务既不受 RTGS 规则约束，也不易被监管当局监控。文章发现，内部业务金额高达 RTGS 支付业务的三分之一。作者通过数据模拟发现，代理行及其客户的总流动性成本不大于独立成本的总和，从而激励了 RTGS 的分级安排。另外，银行分析自身的支付行为，发现选择多个代理行更为方便。由于代理行通常会给被代理行提供信用，因此这些业务会产生信用风险。Mills 等（2013）研究对比了大额支付系统与证券结算系统的三种连接方式。第一种是大额支付系统和证券结算系统都由央行运行，主要参与者可以用同一个账户以实时全额方式结算。第二种是央行运行大额支付系统，证券结算系统由另外单独的实体运行，但证券交易中资金的结算仍然实时全额通过大额支付系统进行。第三种是央行和单独实体分别运行大额支付系统和证券结算系统，且证券结算系统先对资金进行轧差，再在日终前提交大额支付系统结算。作者认为，不论哪种方式，银行的战略行为都会倾向于较早发起证券业务、较晚发起资金业务。参与者的战略行为是评估跨系统互联对系统风险影响的重要考虑因素。

支付系统相关的系统性风险研究，大多关注两类问题：一类是大金融机构同时参与多个 FMI，可能导致风险跨 FMI 之间传导；另一类是支付系统中参与者之间对往来账的相互依赖关系，及其业务的集中度问题。例如，Li 和 Perez - Saiz（2018）用日终时某一参与者在某一 FMI 的净应付金额度量信用风险，并计算结算量排名靠前的 7 家参与者在加拿大大额支付系统、证券登记结算系统和中央对手方中两两及三个系统中，净应付金额高于相应系统阈值的联合概率，度量参与者违约造成不同 FMI 之间的系统性风险。Heijmans 和 Zhou（2019）构建总金额、付款总额、节点度、中心性等 6 个指标的赫芬达尔—赫希曼指数（Herfindahl - Hirschman Index，HHI）测度 TARGET 2 系统参与者的集中度，构建其他 FMI 业务金额占比和净双边流量度量参与者相互依赖关系。童牧等（2012）基于支付网络结构构建了一个适用于大额实时全额结算的系统性风险传染模型，以分析系统性风险演化过程。作者基于大额支付系统的网络结构及部分商业银行支付交易数据，进行了相关的参数假设，由此生成26个参与者之间10天共100万条交易模拟数据，以此进行系统性风险的度量。

四、简要的评论

从上述文献中可以看出，支付系统安全运行的现实需求驱动了对支付系统风险测度的研究。总体而言，国外研究起步较早，其文献更偏重定量分析，这与欧美等主要国家较低的法定存款准备金率、参与者较迫切的流动性节约需求以及强烈的延时支付动机有密切关系。相比之下，国内的支付系统风险度量研究起步较晚，且更多停留在定性研究层面。从风险类别看，流动性风险、运行风险和系统性风险的度量研究文献较为丰富，但法律风险、信用风险及其他类别的操作风险度量研究较少。

风险度量需要支付系统真实、大量的历史交易和运行数据。由于交易信息的使用受到严格限制，支付系统风险度量的研究人员主要是国际清算银行等国际组织、各经济体的中央银行内部的支付清算从业人员。经济学界的研究者往往只能依靠有限的公开信息模拟系统交易数据，这样得出的结论可能会缺乏针对性，甚至与系统实际情况相悖。

数据的稀缺还影响了操作风险的度量。金融机构操作风险常用的识别度量方法主要基于操作风险损失数据。而由于大额支付系统是一国重要的金融市场基础设施，运行中断导致的后果异常严重，各国对系统的运行风险管理均非常谨慎，出现运行风险事件的案例极少，更不可能形成具有一定规模的操作风险损失数据库。因此，支付系统操作风险的度量仍存在较大空白。

综上所述，大额支付系统的风险度量仍处于快速发展的阶段，尚有很多需要突破的课题。我国的大额支付系统技术标准先进、业务体量巨大，为风险度量研究提供了肥沃的土壤。在充分学习和借鉴最新研究成果的同时，国内支付清算业界和学者更要注重立足于国内复杂的支付生态和大额支付系统自身的独特之处，着力在各类风险的量化研究、全面风险管理框架下的风险综合评估及运用实际数据进行实证检验三方面发力，以期为支付系统乃至整个金融市场基础设施的风险管理提供更全面准确的参考。

参考文献

[1] 帅青红，方玲，匡远竞，等．大额支付系统流动性风险度量分析［J］．计算机科学，2013（6）：111－115.

[2] 童牧，何奕．复杂金融网络中的系统性风险与流动性救助——基于中国大额支付系统的研究［J］．金融研究，2012（9）：20－33.

[3] 牛晨，魏先华，潘松，等．我国大额支付系统中的流动性风险［J］．系统工程，2008（11）：23－28.

[4] 黄聪，贾彦东．金融网络视角下的宏观审慎管理——基于银行间支付结算数据的实证分析［J］．金融研究，2010（4）：1－14.

[5] 贾彦东．金融机构的系统重要性分析——金融网络中的系统风险衡量与成本分组［J］．金融研究，2011（10）：17－33.

[6] Evangelos Benos，Rodney Carratt，Peter Zimmerman. Bank behaviour and risks in CHAPS following the collapse of Lehman Brothers［R］. Bank of England. Working Paper，No. 451，2012.

[7] Marius Jurgilas，Filip Žikeš. Implicit intraday interest rate in the UK unsecured overnight money market［J］. Journal of Financial Intermediation，2014（23）：232－254.

[8] Craig H. Furfine，Interbank payments and the daily federal funds rate［J］. Journal of Monetary Economics，2000（46）：535－553.

[9] Joshua R. Hendrickson. Interest on reserves，settlement，and the effectiveness of monetary policy［J］. Journal of Macroeconomics，2017（54）：208－216.

[10] David C. Mills Jr.，Samia Y. Husain. Interlinkages between payment and securities settlement systems［J］. Ann Finance，2013（9）：61－81.

[11] Mark Adams，Marco Galbiati，Simone Giansante，Liquidity costs and tiering in large－value payment systems［R］. Bank of England Working Paper，No. 399，2010.

[12] Glowka，M.，Paulick，J.，and Schultze，I. The absence of evidence and the evidence of absence：an algorithmic approach for identifying operational outages in

target2 [J]. Journal of Financial Market Infrastructures, 2018 (6): 63 – 91.

[13] Klee, E.. Operational outages and aggregate uncertainty in the federal funds market [J]. Journal of Banking and Finance, 2010 (34): 2386 – 2402.

[14] Benos, E. and, G. R. and Zimmerman, P.. Bank behaviour and risks in chaps following the collapse of lehman brothers [R]. Bank of England Working Paper, No. 451, 2012.

[15] Berndsen, R. and Heijmans, R. Risk indicators for financial market infrastructures: From high frequency transaction data to a traffic light signal [R]. De Nederlandsche Bank Working Paper, No. 557, 2020.

[16] Clarke, A. and Hanckock, J. Payment system design and participant operational disruptions [R]. Reserve Bank of Australia Research Discussion Paper, 2012 – 05.

[17] Diehl, M. and Müller. Analysis of the use and impact of limits [J]. In Laine, T., editor, Quantitative Analysis of Financial Market Infrastructures: Further Perspectives on Financial Stability, 2015 (E50): 14 – 42.

[18] Triepels, R., Daniels, H., and Heijmans, R. Detection and explanation of anomalous payment behaviour in real – time gross settlement systems. In Enterprise Information Systems. ICEIS 2017. Lecture Notes in Business Information Processing, volume 321. Springer, Cham.

[19] Heijmans, R. and Heuver, R.. Is this bank ill? the diagnosis of doctor TARGET2 [J]. Journal of Financial Market Infrastructures, 2014 (2): 3 – 36.

[20] Kaliontzoglou, A. and Müller, A. (2015). Implementation aspects of indicators related to payments timing. In Diehl, M., Alexandrova – Kabadjova, B., Heuver, R., and Martinez Jaramillo, S., editors, Analyzing the Economics of Financial Market Infrastructures, pages 169 – 190.

[21] Diehl, M.. Measuring free riding in large – value payment systems: The case of TARGET2 [J]. Journal of Financial Market Infrastructures, 2013 (1): 31 – 53.

[22] Berndsen, R. and R. Heijmans. Risk indicators for financial market infrastructures: From high frequency transaction data to a traffic light signal [J]. Journal of

Risk, 2020, 2 (3): 39 -64.

[23] Li, F. and H. Pérez - Saiz. Measuring systemic risk across financial market infrastructures [J]. Journal of Financial Stability, 2018 (34): 1 -11.

[24] Heijmans, R. and C. Zhou. Outlier detection in target2 risk indicators. DNB Working Paper, 2019: 624.

[25] Ronald Heijmans and Froukelien Wendt. Measuring the Impact of a Failing Participant in Payment Systems. IMF Working Paper, 2020.

[26] Iñaki Aldasoro, Leonardo Gambacorta, Paolo Giudici and Thomas Leach. Operational and cyber risks in the financial sector. BIS Working Paper, 2020: 840.

[27] Joseph Goh, Heedon Kang, Zhi Xing Koh, Jin Way Lim, Cheng Wei Ng, Galen Sher, and Chris Yao. Cyber Risk Surveillance: A Case Study of Singapore [R]. IMF Working Paper, 2020.

新一代 ACS 建设的思路及优化建议

文/刘艳辉　王侨钰*

摘要： 中央银行会计核算数据集中系统（ACS）是央行的核心会计系统，承担着全社会资金的最终清算职能，为国家的经济建设发挥着重要作用，建设优化新一代 ACS 是当前需要研究的重要课题。本文结合工作实践并借鉴先进的业务管理、信息技术和系统建设经验，分析了会计核算业务与 ACS 目前存在的问题，探讨提出了构建新一代 ACS 的思路及建议。新一代 ACS 应充分应用现代金融科技，整合系统资源，完善系统架构，提高自动化水平和风控能力，为中央银行高效履职发挥作用。

关键词： 新一代 ACS　业务发展　功能优化

2013 年 ACS 上线运行以来，实现了会计核算业务由手工单机核算向全国集中的网络化处理，提高了资金汇划使用效率，资金安全性得到进一步保障，有效支撑了中央银行履职。但随着国家金融政策改革和金融服务、科技创新的不断发展变化，现有系统功能已不能全面满足中央银行的履职需要，现结合中国人民银行廊坊市中心支行（以下简称廊坊中支）在近几年 ACS 工作中发现的包括岗位设置、系统功能及数据分析等方面诸多问题，对新一代 ACS（以下简称新 ACS）建设提出意见和建议，以供参考。

一、ACS 现状

（一）人员配置

按照 ACS 业务处理办法的要求，会计核算各岗位人员配置应符合内控制度

---

* 作者单位：中国人民银行廊坊市中心支行。

要求，合理兼岗。以廊坊中支为例（地市级中支），会计核算营业部门设有中支营业网点、市级运管中心、事后监督三个组，各组分别设置业务操作员、网点主管AB角各1名，共需12人，所有岗位B角全部由账户管理岗、农村支付环境建设岗等兼任；会计主管由部门负责人担任。

（二）相关系统功能

ACS目前有综合前置子系统（以下简称前置子系统）、AMIS信息管理子系统和AMS档案管理子系统。前置子系统功能强大，具有电子对账、交存一般存款和财政性存款等常用功能，面向农村金融机构还开通了普通转账、现金支取、再贷款还款、再贴现还款等自助转账功能；AMIS信息管理子系统从ACS提取数据信息，为ACS数据分析提供数据支撑；AMS档案管理子系统提供ACS档案查询功能。ACS同时与AIIS财务报账系统直连实现财务报账功能，与货金系统连接实现联网取现功能。

（三）业务开展情况

从业务渠道看，ACS包括柜台业务、联网业务、触发业务、前置业务。以廊坊中支为例，2020年末，廊坊市国有商业银行和全国性股份制商业银行零余额账户已全部完成变更。全辖前置子系统接入率达94%，开通自主转账功能的农村金融机构占89%。廊坊市ACS业务中，柜台业务为0.29万笔，仅占总业务量的4.21%，在线业务占比[①]达95.79%（见图1）。目前柜台业务主要包括现金交存、

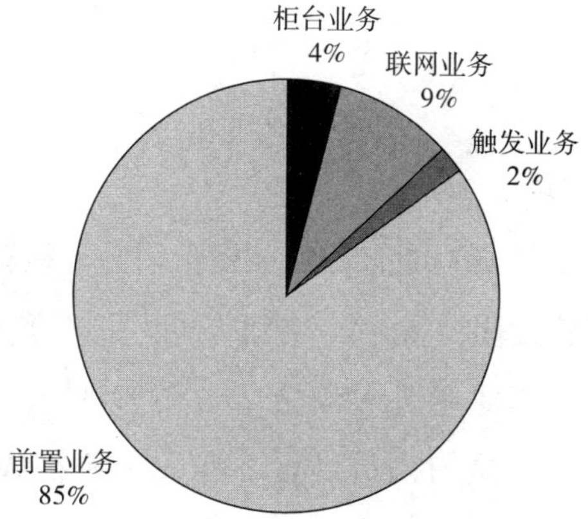

图1　2020年廊坊ACS业务办理渠道分布

① 在线业务占比=（联网业务量+触发业务+前置业务量）/（联网业务量+触发业务+前置业务量+柜台业务量）。

表外业务、再贷款发放和再贴现发放、开设账户等。

2020 年，廊坊部分地区突发新冠肺炎疫情，在线办理业务在此期间发挥了极其重要的作用，有效降低了疫情对会计核算业务的冲击力度。从在线业务占比趋势图得出，在线业务占比呈稳步增长态势，柜台业务平缓下降（见图 2）。

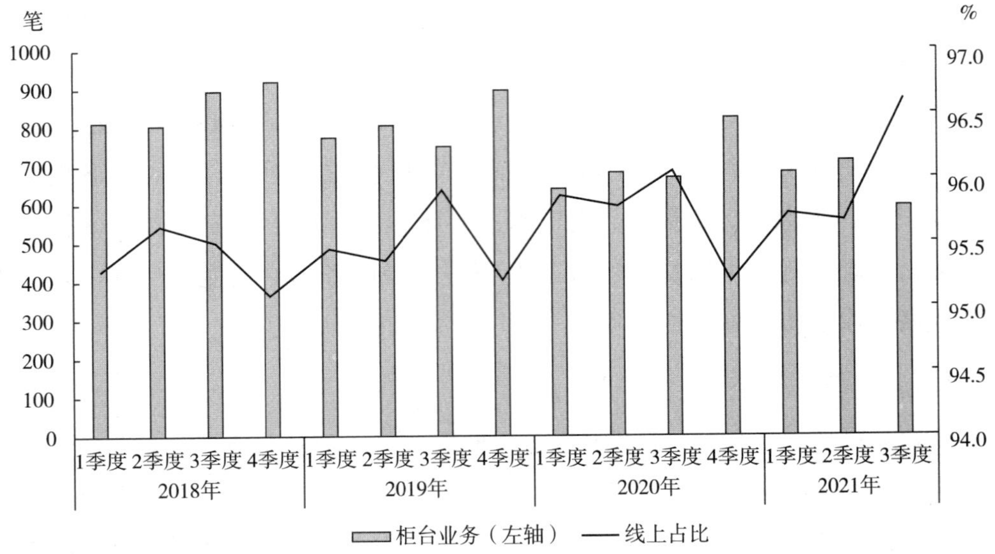

图 2　2018 年第 1 季度至 2021 年第 3 季度廊坊 ACS 业务办理渠道分布及在线占比趋势图

二、存在的问题

（一）人员配置不合理

一是岗位人员配备不足，不能满足内控要求。会计核算多数 B 岗人员（账户管理岗、农村支付环境建设岗）除了本岗工作外，并不熟悉会计核算业务，ACS 各岗位人员休假时，也是其他在岗 A 角会计人员半兼岗式操作，B 岗形同虚设，与制度规定不符。二是业务量与人员设置不匹配。随着 ACS 不断升级更新，零余额账户和联网取现业务的普及、自助转账功能的开通以及与 AIIS 系统财务报账的直通，使得 ACS 各营业网点需要人工柜台处理的业务日趋减少，但受内控制度和核算管理要求的限制，三个柜组的人员配置并不能随着业务量的降低而减少，从而造成了人力资源的极大浪费。

（二）岗位设置不科学

一是事后监督流于形式，后台化监督模式难以真正起到防范风险的效果。当前的业务监督仍以事后监督为主，系统虽引入了实时监督方式，将开销户、系统参数维护等重点事项变成实时推送，但由于是业务完成后的推送，本质上还是一种事后监督。对于一些账务调整、大额资金汇划等重大事项，一直缺乏行之有效的实时监督手段。特别是监督人员大多不具备扎实的会计核算业务基础，只能进行简单的系统操作，不能通晓实际账理，使得监督流于形式，质量不高。二是运管中心职能弱化。地市运管中心的主要职责是权限范围内业务参数的维护审批及营业网点主管用户的开设和维护、监测系统运行等。如2020年廊坊全辖未开立新主管用户，其他参数类业务也较少，随着线上业务大范围开通，运管中心的职能被极大弱化。

（三）功能重复造成资源浪费

目前与ACS有关的系统共5个。与货金系统相连的大额支付系统、前置子系统都可以完成现金支取，也可以归还再贷款和再贴现；ACS内部交易可以查询柜台业务和部分前置子系统业务，但不能查询联网业务，系统过多造成业务查询统计混乱、难识别。前置子系统与支付系统相互独立、分别接入的模式增加了金融机构系统开发和运维成本，功能重复，一定程度上造成资源浪费和运行风险。

（四）未充分利用现代科技完善系统功能

一是系统功能未充分挖掘利用。目前，大部分金融机构已接入前置子系统，但城市商业银行的自助转账功能仍未开通，需人工柜面办理；实时查询ACS清算账户余额的功能尚未实现，工作效率大打折扣。

二是ACS缺少动用法定存款准备金的提示功能，部分业务ACS未设置提醒功能。ACS无动用法定存款准备金的提示功能，目前农村金融机构的自助转账功能开通后，可以自行发起付款业务，人行端对其账户余额无法实时控制和监测，只有过渡到下一个工作日系统才能查询到余额不足，显示滞后。对于“再贷款质押品”（支农支小再贷款的表外业务），发放支农支小再贷款时部分有质押品，ACS系统设置了再贷款到期提醒，但对表外业务记载的质押品到期没有提醒。由于再贷款期限一般都在一年以上，因此很容易发生再贷款到期本金已归还，但质押品忘记退还的情况，待日后发现再对质押品做表外补记。如果时间跨年，业务操作起来更加烦琐。再如“利率互换协议本金”（普惠小微企业贷款延期支持工具），普惠小微企业贷款延期支持工具收回部分激励金，互换本金也要部分提前退还，系统无记载剩余资金的界面，无法查询到期余额。以廊坊市为例，截至2021年第一季度末，未偿还再贷款66笔、质押品12笔；贷款延期支持工具清算资金共发生71笔，利率互换协议本金71笔。目前只能采取手工登记的方式加以记录，不仅增加了工作量，也极易造成遗漏。

三是自动化处理水平较低，人工处理占用资源多，效率低下。以再贴现发放为例，因通过柜台办理，每笔业务需核对预留印鉴、票面要素共20项，合同、再贴现清单等审核内容18项，而且需要操作员和网点主管分别初审、复审，存在货币信贷部门与会计核算部门重复审核的现象，既浪费时间又存在一定风险。目前大部分金融机构已采用大数据、云计算、人工智能及生物识别技术处理业务，实行的柜员制节省了人力成本，人民银行的手工操作明显落后。

（五）数据分析功能欠缺

目前的ACS系统会计核算数据只采用简单的报表汇总模式，不能进行深度挖掘和大数据分析，不能满足会计核算业务监测及监管的需要，为中央银行高效履职及宏观政策决策提供的信息支持也有限。

三、新ACS的建设思路及优化建议

新ACS应本着满足中央银行货币政策执行和金融服务履职的原则，从金融创新、提高效率、提升系统安全运行分析能力等几个方面考虑，构建系统框架，完善业务办理模式，拓展、优化系统功能。

（一）优化岗位设置，提高人员利用率

建议取消地市级运管中心和事后监督，将其职能前移到网点柜的复核员和网点主管，网点操作人员实行柜员制。建议将风险内控要素等内嵌入系统中，以实现自动控制，转变传统岗位内控牵制模式，减少人工处理环节和人员配置，建立更为科学合理的岗位设置及风险控制框架。目前，由于网点操作员已按柜员制的操作方式独立处理财政性和一般交存款信息，柜员制在人民银行网点施行已成为可能。建议网点柜设立三个岗位，即操作员、复核员及网点主管各1名。操作人员实行柜员制，独自负责处理柜台业务和外部系统传输的待办

业务；复核员负责处理开立账户信息等参数类待办任务，承接事后监督的职责，负责装订网点原始凭证；网点主管承接运管中心职责。各级岗位负责开设同级别用户信息，上一级复核员或网点主管审批，省级运管中心审批市级网点主管开设的用户信息。

（二）构建会计核算系统与相关业务系统互联互通机制，改造升级已联网相关系统功能

相关业务系统互联互通可减少工作环节、避免重复审核，提高工作效率、降低操作风险。

一是与货币金银系统互联。实现发行基金交存业务由金融机构线上发起，货币金银部门收款后输入确认信息，交款信息传输到会计核算部门形成待办任务，会计核算部门操作员审核确认通过，ACS 自动记账；发行基金支取按照“先记账后付款”的原则，金融机构发起联网取现业务信息，在 ACS 记账的同时记载发行基金表外业务。最终实现现金交存、支取的全流程联网线上办理，系统自动记账和对账，提高金融服务效能。

二是与货币信贷部门的再贷款信息管理系统互联。办理再贷款、再贴现开户时，由货币信贷部门在其系统输入有关信息，系统自动生成对应资产类和表外类账户，并完成参数绑定设置。联网后，再贷款、再贴现资金发放和质押品记载均由货币信贷部门发起，提交至会计核算部门审核，确认通过后系统作记账处理，实现质押品表外业务和登记簿系统实时登记，提高业务处理效率，杜绝人工操作风险。

三是改造升级会计综合业务系统。建议会计综合业务系统增加资金自动划拨功能，将现有柜台办理的业务改为由会计综合业务系统自动向金融机构发起资金划拨业务，并在 ACS 增加日终明细核对和汇总核对功能。

（三）完善系统功能，提高业务处理及监督的智能化水平，有效防范风险

一是采用电子验印及指纹授权等先进技术。针对折角验印和手工审签操作麻烦并风险较高的问题，建议新 ACS 可采用“电子验印 + 手工校验”模式，建立电子印鉴库，将电子验印功能嵌入营业网点凭证受理环节，印章影像与印鉴印模进行重合度比对核验，对于核验结果为可疑的系统自动报警，再进行双人手工复核校验。建议借鉴金融机构普遍采用的指纹识别方式，对用户的指纹登录和重点业务进行指纹授权，有权人指纹验证成功后，系统自动在业务信息授权人处签

名，替代当前会计主管手工审核签字。

二是优化提醒功能，及时进行风险提示。建议在新 ACS 增加动用法定存款准备金的日间提示功能，只要动用就实时提醒，方便人行端掌握法人机构的资金变动情况，对金融机构及时进行风险提示。针对部分表外业务没有到期提醒功能的问题，建议在新 ACS 增加到期日提醒功能的同时，增加“标识到期日表外凭证”，与表外凭证相比增加业务种类、办理日期、到期日期及合同编号四项内容；增加系统“标识到期日表外登记簿”功能，将“标识到期日表外凭证”记载的账务同步登记到“标识到期日表外登记簿”，用于详细记录每个表外账户的余额及每一笔业务明细。

三是提高系统监督效能，实现监督及风险控制前移。建议将内部控制规则嵌入系统管理和业务处理流程，重大事项审批应纳入系统并置于凭证扫描上传之前；按照“事前预警，事中控制，事后监督”的风险管理理念，借鉴当前金融机构监督管理模式，建立风险监控模型，实现日常业务系统自动校验监督、重点业务清查及常规业务抽查等监督机制，提高风险预警效能，实现会计核算业务及监督的全流程自动化、智能化处理，有效防范会计核算风险。

（四）拓展前置子系统自助服务功能，降低收费标准

一是全面开通金融机构前置子系统自助转账功能，积极响应政府“放管服”号召，为金融机构拓展服务空间，提高服务效能，降低收费标准，减少金融机构运维成本，为金融机构存放央行款项提供灵活调拨资金服务。

二是整合支付系统和前置子系统有关功能，将支付系统和前置子系统两个相互独立的接入渠道联网为统一报文传输平台，建立综合服务平台，便于央行数据统计和决策参考，降低金融机构开发运维和改造成本。实现向金融机构提供线上预约开户、变更账户基础信息、同业账户对账、账户查询、业务到期提醒和异常预警等多元化的“居家式”在线金融服务。

（五）增加系统数据汇总分析功能，提高风险监测能力和数据信息的实效性

建立科学合理的会计核算数据统计标准，全面采集人民银行会计核算、支付系统、货币信贷、货币金银等职能部门数据和金融机构报送的外部数据，运用大数据、云计算等先进技术，深度挖掘数据信息背后的经济及管理问题，实现对数据的深度加工和全面分析，满足信息查询、风险监控、预测分析等需求，为中央银行履职提供便捷、全面的数据信息支持。

参考文献

[1] 张秋君. 中央银行会计核算业务系统处理优化探析 [J]. 现代金融, 2020 (9): 15 - 17.

[2] 张坦. 大数据时代完善 ACS 信息统计分析功能的思考 [J]. 青海金融, 2020 (12): 61 - 64.

[3] 常颀, 王雪斐, 谢玉臣. 对新一代中央银行会计核算系统功能定位及架构方案的思考 [J]. 金融发展研究, 2019 (12): 89 - 92.

[4] 孙桂红. ACS 模式下央行会计核算业务风险与防范的研究 [J]. 华北金融, 2019 (12): 70 - 75.

金融账户

“后疫情时代”远程开户的实践与探索

文/宁波银行课题组*

摘要：随着互联网技术、金融科技等的快速发展，远程开立单位银行账户业务日益为业界所关注。本文从新冠肺炎疫情暴发后视角出发，借鉴国外优秀远程开户经验，从法律层面、技术层面、风险层面等详细分析远程开户在新形势下面临的机遇与挑战，并有针对性地提出了完善法律体系、搭建共享中心、出台技术标准、增强线上线下交叉核验等对策与建议。

关键词：远程开户　共享中心　线上线下交叉核验

2020 年 2 月，突如其来的新冠肺炎疫情，对国内大众生活以及商业银行的经营与发展产生了较大影响。为树立市场信心、有效抗击新冠肺炎疫情，人民银行、银保监会出台了多个通知，要求商业银行等金融机构切实保障金融服务畅通，在有效防范金融风险的前提下，充分运用金融科技等手段，推广线上金融服务。如何有效解决业务结构由“线下”向“线上”高效转移，实现行内金融产品、品牌以及业务渠道“线上线下一体化”新模式，决定着银行业未来发展的命运。银行账户是银行服务的“载体”与“起点”，如何依托科技赋能，采取合理的流程再造举措，帮助企业与个人进行快捷、安全的远程开户将是商业银行线上化金融战略的重要一环。

一、我国远程开户业务发展

（一）我国开户渠道变革与发展历程

一直以来，银行存款账户是商业银行各项业务开展的基础，保障银行账户开

---

* 课题组成员：刘智炜（组长）、梁化栋、李思宇、鲁毅、祖中恺、胡澄淇。

户安全，是整个金融业平稳运行的“立命之本”。从我国账户渠道的发展历程来看，其主要经历了以下几个阶段。

1. 柜面开户阶段（2010 年以前）。2003 年，人民银行发布了《人民币银行结算账户管理办法》，明确“存款人申请开立个人银行结算账户的，应向银行出具居民身份证或临时身份证”。基于上述账户管理要求，受限于当时金融科技相对落后的客观情况，客户申请开立银行结算账户均需携带开户身份证明材料原件，至开户网点“面核”开户意愿，“面签”开户资料。此阶段银行业务“线上化”迁移的主要方向仍集中在账户开立后转账、消费以及金融产品购买等方面。

2. 智能机具开户阶段（2010—2013 年）。这一阶段，随着互联网以及数据挖掘技术不断发展，如何为客户提供更加多元化、多场景的金融需求，成为各商业银行账户服务转型的方向。部分银行开始尝试依托智能柜员机、移动柜员机等自助机具为网点办理业务的客户提供账户开户服务。厅堂内智能机具的加入，虽一定程度上提高了客户账户业务处理效率，但本质上仅是将部分柜面人工处理操作迁移至智能机具端完成，整个账户开户过程仍无法摆脱银行物理网点束缚，其本质仍属于线下开户。

3. 远程开户发展阶段（2014—2015 年）。从 2014 年起，我国社会经济发展开始逐步迈入“新常态”阶段，随着利率市场化的不断深入，商业银行之间的竞争越发激烈。各银行为了解决物理网点运营成本以及经营辐射面积的问题，开始大力发展直销银行。截至 2015 年底，我国境内已有 50 余家商业银行建立了直销银行体系。电子账户作为直销银行产品的载体，在此时期得到了快速发展。但由于其开户时可以无需“面对面”核实这一特性，易出现利用电子账户从事洗钱活动以及匿名、假名开户等风险。人民银行为了加强监督管理，于 2014 年初下发了《关于规范银行业金融机构开立个人人民币电子账户的通知（讨论稿）》（以下简称《电子账户讨论稿》），从“实名认证”角度出发，对电子账户进行强弱风险的界定与划分。

4. 个人账户分类体系成型阶段（2015 年至今）。2015 年至 2016 年，人民银行陆续发布了《中国人民银行关于改进个人银行账户服务加强账户管理的通知》（以下简称《账户管理通知》）《关于落实银行账户分类管理制度的通知》（银发〔2016〕302 号，以下简称 302 号文），在账户实名制要求的前提下，提出了个人结算账户按“功能范围”进行界定的账户分类监管体系。

表 1　　个人结算账户分类体系梳理

类别	功能界定	办理渠道	开户要求
Ⅰ类账户	全功能，可现金存取、办理存款、理财、转账、消费及缴费支付	1. 银行网点柜面开立； 2. 智能柜员机等智能机具提交开户申请 + 银行工作人员面对面核实身份	本人 + 有效身份证件
Ⅱ类账户	部分资金管理及支付类功能，可办理存款、理财购买，限额内消费缴费以及限额内非绑定账户转账、现金存取。其中，非绑定账户转出以及现金存取功能仅限于面对面核实后放开	1. 线上渠道：网上银行、手机银行、直销银行开立； 2. 线下渠道：柜面、智能柜面机具面对面核实开立	1. 线上渠道：远程开立，绑定开户申请人同名Ⅰ类户身份验证； 2. 线下渠道：本人 + 有效身份证件
Ⅲ类账户	仅能办理小额消费和缴费支付以及限额向非绑定账户转账。其中，非绑定账户转入功能仅限面对面核实后放开	线上渠道：网上银行、手机银行、直销银行开立	远程开立，绑定开户申请人同名Ⅰ类户转入任意金额激活

（二）远程开户特点分析

商业银行远程开户较传统线下开户业务流程主要有以下四个方面特点：

一是业务处理流程更为方便、快捷。客户可不受商业银行设立的物理网点以及金融服务时间约束，享受 7 × 24 小时线上账户开立服务，极大地满足了客户个性化服务的需求。

二是账户开立主体更加隐蔽，对金融科技的依赖程度更高。远程开户受理的整个业务环节，均采用线上“非面对面”的服务模式，在开户过程中，银行无法与开户单位或个人直接接触，开户意愿以及身份核实工作主要依赖各类身份认证金融科技手段。

三是数据信息存储要求更高。远程开户业务办理的过程均为线上处理，业务办理过程中所涉及的有效身份证件影像、账户开户资料、客户签名等均无法留存纸质实物资料，客户身份信息、业务办理信息均通过网络服务器以电子形式进行存储，对数据信息保管及安全保障要求更高。

四是开户信息填写、传输过程不确定性更大。由于远程“不见面”开户过程中，没有商业银行经办人员对业务办理的全流程进行引导、监督，客户在线上填写开户信息、上传影像资料过程中易出现填写错误，导致开户失败，业务过程中不确定性更大，对商业银行开户系统引导功能要求更高。

二、新形势下远程开户模式的机遇

（一）远程开户需求不断增强

随着新冠肺炎疫情蔓延，社会大众逐渐意识到足不出户通过电脑、手机进行线上购物、点餐以及金融业务办理的便捷之处，对于线上消费的需求显著增强。2020年数据显示，2020年1月至8月，我国社会消费品零售总额达238029亿元，同比下降9.21%，降幅较1月至7月收窄1.23%。在社会消费品总额整体下滑的背景下，2020年1月至8月我国网上零售额、实物网上零售额较上年同期不降反升。截至2020年8月末，我国网上零售总额达70326亿元，同比增长9.21%，较7月末增长速度提高0.61%；我国实物网上零售额达58650亿元，同比增长15.58%，较7月末增长速度提高0.24%，线上零售总额在社会消费品零售总额中占比已接近30%。

消费线上化升级加速培养了各个年龄段用户线上移动消费的习惯。而结算账户作为各类消费支付的前提，能否安全、高效地进行远程开户，将逐渐成为客户办理金融业务时选择商业银行的重要参考因素。上述趋势迫使商业银行投入更多的人力、物力进行远程开户探索。

（二）账户监管体系不断完善

1. 个人账户分类管理，赋能金融产品创新。个人账户分类落地，对于网上银行、手机银行、直销平台远程开户从政策端释放了三方面有利信号：一是有利于商业银行流程创新。新的个人账户分类制度的出台标志着监管机构对于“账户线上化”事项的监管思路发生重大变化，前期《电子账户讨论稿》的监管方向是在强调开户实名制的前提下，围绕个人电子账户管理进行的要求，而《账户管理通知》、302号文则是针对所有个人结算账户制定的分类体系，其适用场景更广，监管半径更大，不仅仅只是针对电子账户，上述监管体系的完善更加有利于商业银行开户流程的创新。二是有利于提升风险管控效率。个人账户分类体系建立的本质，是根据账户不同的开立渠道和流程，身份认证强度以及风险等级的不同，赋予账户不同的功能范围，能够在最大限度地满足客户个性化金融服务需求的同时，提升商业银行账户风险管控效率。三是有利于商业银行线上金融产品的创新。账户分类体系中对于Ⅱ、Ⅲ类账户，均强调了在Ⅰ类账户实名认证前提下，通过绑定此账户进行认证的身份验证方式，突破了传统账户身份认证过程中“面签”的硬性要求，为商业银行基于Ⅱ、Ⅲ类账户进行线上金融产品创新提供了更多可能性。

2. 对公账户分类管理，助力远程开户落地。2019 年2 月2 日，人民银行1 号令的发布以及2 月 3 日人民银行《关于取消企业银行账户许可的通知》《企业银行账户管理办法》的出台，标志着江苏省地区取消开户许可工作的正式启动，我国境内依法设立的企业法人、非法人企业、个体工商户在银行机构办理基本存款账户、临时存款账户业务，由核准制改为备案制。上述政策的落地，一方面，促使在企业存款账户的整个生命周期存续期间，人民银行与商业银行的工作职责发生了变化，即商业银行自行负责客户开户准入环节账户风险管控，而人民银行则更多地将监管侧重点从账户开户的“表面”审核调整至账户使用过程中“实质”风险管控。另一方面，也标志着我国对公账户“多场景”分类体系的初步形成。对公结算账户在原有按用途划分账户类型的基础上，细化了对于不同单位类型（企业类、非企业类）的区分管理，管理体系逐渐由“单一监管”向“多主体、多用途分类”监管过渡，对公账户法规体系得到进一步完善。

上述监管思路的变化，使得对公结算账户“远程开户”成为可能。《企业银行账户管理办法》明确，“银行可采取面对面、视频等方式向企业法定代表人或单位负责人核实开户意愿，具体方式由银行根据客户风险程度自行选择，在制度层面放开了“企业类”客户对公账户开户意愿核实的要求，使得商业银行在进行账户流程设计时拥有了更多的主动权。

（三）金融科技手段不断丰富

1. 开户处理流程持续优化。随着互联金融深入发展，各家商业银行均以厅堂 VTM 智能机具、微信银行、网上银行、手机银行为核心形成了较为成熟的线上金融业务服务体系，目前在远程开户业务办理过程中主要涉及申请信息填报、客户身份信息有效性认证、开户后业务资料存储三个关键技术问题。在申请信息填报方面，客户在银行人员指导的情况下，难以独立完成信息填报的问题已得到显著改善。一是伴随数字图像处理 OCR 识别技术的普及。客户在开户环节，仅需拍摄其有效身份证件影像，系统即可自动识别图片中关键信息并完成录入。二是随着音视频指导功能的普及，客户对于线上业务办理过程中存在的疑问，可直接通过系统音视频指导功能进行快速了解。在客户身份信息认证方面，通过远程方式进行人脸识别，准确率已大幅提升。根据 LFW 数据库相关数据显示，目前移动设备端普遍采用的腾讯优图等人脸识别准确率达99.8%。在业务资料存储方面，随着我国电子支付法规不断完善，目前在金融业务办理过程中相关电子数据存储可靠性极高，在案件审理中能够作为有效证据进行出示。

2. 账户风险管控举措不断完善。基于银行业“线上化”发展战略思路，在取消开户许可政策落地后，人民银行南京分行为适应新形势发展要求，探索运用金融科技提升账户服务和监管水平，开发建设了江苏政银易企通系统（以下简称易企通系统）。该系统集开户前黑名单查询、灰名单管理，开户中账户资料影像传输与处理以及开户后非现场检查功能于一体，实现账户开户全流程远程监管，有效提升账户服务质效，也为商业银行对公结算账户全流程“线上化”奠定了基础。

三、新形势下，远程开户面临的挑战

（一）监管制度种类繁杂，缺乏统一的法律监管体系

《账户管理通知》、302 号文以及《企业银行账户管理办法》作为人民银行颁布的账户管理转型制度，是商业银行在远程开户业务办理过程中的主要依据。然而，随着银行线上金融服务场景的持续丰富，远程开户作为整个互联网金融中的一个环节，其在实际业务办理过程中仅仅参考上述账户相关制度是远远不够的。如在开户反洗钱识别工作中，需参考《反洗钱法》；在开户尽调环节，还需参考《非居民进入账户涉税尽职调查管理办法》；在线上身份认证核实环节，需参考《电子签名法》《电子认证服务管理办法》《商用密码管理条例》等法律法规；在绑定支付环节，需参考《电子支付指引（第一号）》以及 302 号文。上述法规制度层次不一，法规与法规间缺少必要衔接，不利于远程开户过程中制度的高效应用与执行。

（二）信息“孤岛”问题凸显，缺乏有效的交叉认证渠道

根据《账户管理通知》相关要求，商业银行应采用现代化的安全网络，积极利用政府官方数据库、行内及其他商业银行自身数据信息，采用客户身份信息的交叉验证、邮寄资料、电话回访核实等方式，构建安全可靠的远程开户身份识

别机制。然而在实际执行过程中，上述管理要求仅仅依靠商业银行自律管理将无法取得理想效果，其主要原因在于，在利率市场化的大背景下，商业银行之间天然存在竞争关系，银行内部客户信息数据本身就属于高度机密信息，难以通过一个开放式的共享平台实现开户环节的交叉验证。

（三）身份认证标准滞后，缺乏可靠的核实环节依据

人民银行在《账户管理通知》中明确，“商业银行可探索将生物特征识别技术和其他安全有效的技术手段作为核验开户申请人身份信息的辅助手段”。从目前整个金融行业来看，我国仅在早期由人民银行牵头发布了《金融服务生物特征识别安全框架》（GB/T 27912—2011），该框架的主要适用范围为智能机具现金存取、钞票分发等环节，对于远程开户、移动支付等金融服务场景的运用，尚未发布统一的身份认证标准。在实际的远程开户过程中，各家商业银行往往自成体系，对于移动终端上的身份校验识别技术也不尽相同，具体哪些识别技术可应用何种金融领域，应用后技术的可靠性由谁来确认等问题有待明确。

（四）风险管控因素掣肘，缺乏完备的企业开户流程保障

2020 年初，国务院针对疫情后实体经济服务发布了积极有序推进复工复产的指导意见，明确“要加大保障力度，及时帮助企业解决用工、资金原材料供应和重大项目开复工等问题”。人民银行也积极响应国家号召，通过降准、贷款贴息等方式对企业生产经营给予支持，助力实体经济发展。但与生产经营端鼓励各类创新扶持政策“百花齐放”的监管思路不同，受制于风险管控考量，远程开户政策客观上需要保持谨慎。根据公安部门通报，2020 年 1 月至 4 月，我国电信网络诈骗立案数和造成群众损失数较上年同期分别上升了 10% 和 47%。由于企业存款账户相较于个人账户，其网银的转账限额更高，大额、高频涉案资金转移更加难以被监测和识别，不法分子往往更加倾向于使用企业账户从事非法活动。一旦企业账户“不见面”远程开户政策放开，将不可避免地影响到目前线下开户模式下已经趋于成熟的尽调、面核流程，加剧涉诈形势的恶化。

上述风险管控因素，直接导致了我国对公结算账户远程开户创新流程发展缓慢。如何在保障企业开户服务质效的同时，落实好账户风险管控工作，实现“效能”与“风险”的平衡，将是对公账户远程开户模式需要思考的关键问题。

四、账户远程开户国际经验

（一）美国银行远程开户管理经验

1. 技术应用方面，强调商业银行主动性。早在20世纪初期，美国联邦金融机构检查理事会就已经关注到互联网金融的发展对于商业银行开户模式可能产生的影响，并针对性地出台了《网络银行环境下的身份认证管理规定》（以下简称《网络身份认证规定》）。《网络身份认证规定》明确，美国目前在实名认证过程中所采用的金融科技手段，主要可归纳为以下三大类：

一是利用共享密码（shared secrets）进行身份认证。所谓共享密码，即使用包括客户账户密码以及金融机构与用户一对一约定的其他秘密信息，如个人安全问题答案、预先指定的照片信息等进行身份核实验证。但是随着社交媒体网络的发展，上述私人信息越来越容易被非法分子窃取，故此类技术一般作为其他安全性更高的身份识别方式附加的辅助手段加以应用。

二是利用安全验证设备进行身份认证。《网络身份认证规定》主要列举了三种可靠的认证方式，分别为USB令牌、智能卡以及动态密码器。其中，USB令牌，在插入电脑或手机后运行；智能卡，主要应用在读卡器设备端进行身份验证；动态密码器，每隔几分钟将生成一次性使用的随机验证码，之后验证码就会失效。

三是利用用户所具备的唯一性物理特征进行认证。包括人脸识别、声音识别、指纹识别、击键识别、笔迹识别、虹膜扫描识别以及静脉扫描识别等。

对于上述一系列身份认证识别方法，美国监管部门仅对技术本身进行客观阐述、提示，并不强制要求商业银行使用某一类或几类技术，而是将管理主动权交由商业银行，便于其根据自身业务流程及管理模式进行自由选择。

2. 安全管理方面，重视分级、分类策略。美国的银行监管部门认为单一的金融科技手段无论多先进，都无法完全保证身份核实认证的可靠性，因此更加重视与技术相适配的账户安全管理策略。

一是在非面对面核实场景下，建议引入多维度交叉验证手段保证可靠性。《网络身份认证规定》在“风控”（risk assessment）章节提出，“仅采取一种单因素验证手段（如账户静态密码）是不可靠的，商业银行应采用2个及以上技术手段组合认证客户信息提高可靠性”。

二是根据客户风险高低建立分级认证模式。《网络身份认证规定》在“分级安全规划”（Layered Security Programs）中明确，“商业银行应根据用户信息、账户信息、交易类别、具体金额等维度综合判别风险高低，建立分级认证模式。对于反洗钱、反恐、涉诈等高风险客户或交易，要采取更加严格的身份认证要求；对于其他异常的低风险客户或交易可适当放宽认证标准”。至于具体的分类标准，美国金融监管机构暂无具体要求，商业银行可以根据自身实际情况以及经营策略自行制定分级策略，监管部门将对商业银行制度、流程完备性进行监督，并保留管理处罚权力。

三是要求商业银行定期对远程开户认证措施和风控策略进行自查。《网络身份认证规定》在“风控”（risk assessment）章节中明确，“互联网环境不断变化以及金融科技手段进步，促使原有安全措施的可靠性持续变化，金融机构应定期进行风险评估管理，并视情况调整行内风控机制”。

（二）欧盟对于银行远程开户管理经验

1. 技术应用方面，重视认证方式的可靠性。20 世纪 90 年代初期，欧盟便颁布了 *DIRECTIVE* 2001/97/*EC*，即《关于防范金融网络反洗钱、反恐融资指引》（以下简称《金融网络指引》）。根据《金融网络指引》，各成员国家商业银行在非面对面业务场景的身份认证环节，必须采取可靠的技术保证客户身份认证准确性。根据笔者对于欧盟成员国家金融法律法规调研情况，监管部门明确允许采用远程开户的代表国主要包括荷兰、比利时、西班牙等，其采用的远程认证方式主要包括以下三种：

一是要求远程开户申请客户线上提供或邮寄补充证件或材料辅助远程身份认证。非现场开户申请人在开户过程中除填写规定的申请信息外，还需额外提供能够证明其身份的补充材料，包括电子身份证、含电子签名的公证类证明材料等。以荷兰为例，其商业银行在远程开户时，要求申请人通过邮寄方式提供签名、护照、驾驶证、复印件以及银行对账单、个人缴税单等原件，作为额外身份认证资料。

二是引入有资质的第三方机构信息进行远程开户身份认证。此类身份认证方式一般为客户在第三方机构留存的包含客户姓名、证件号码、地址以及签名的证明材料或专业中介机构介绍信。

三是增加远程开户后首笔支付往账验证机制。此类验证方法要求客户使用其在其他银行已进行过面对面核实的账户向远程账户转入指定金额的“验证款”，核实无误后，远程账户才可激活使用，以加强客户身份真实性管理。此方法也被各欧美主要国家认为是可靠程度最高的核实认证方式。

2. 欧盟在远程开户中主要采用的安全策略。欧盟在《金融网络指引》中指出，推荐各个国家金融监管机构参考美国“自定策略、自担责任”的监管思路，管理账户远程开户。但是对于部分高风险场景，大多数欧盟国家出于账户安全性考虑加入了部分面对面身份核实的要求。以比利时金融监管部门为例，其规定由第三方商业机构引入的客户远程开户后，必须完成面对面核实方可使用。

五、远程开户中问题解决举措与建议

（一）完善法律法规，提升互联网账户制度法律地位

随着互联网金融领域的快速发展，为解决随之而来的电子支付效力问题，我国于2004年出台了《电子签名法》，经过2015年、2019年两次修订，目前相关法律已基本成熟，最新修订的《民事诉讼法》《刑事诉讼法》中均已明确将电子支付数据纳入有效证据范畴。

在目前的互联网金融管理框架下，在远程开户过程中商业银行面临来自人民银行、税务部门、市场监管部门、网络信息安全部门的协同监管。仅仅依托人民银行单一部门制定的管理法规进行远程开户账户管理是远远不够的。监管方面，应积极借鉴参考《电子签名法》颁布经验，针对日益发展的互联网银行账户，在发展之初采用“重点领域，逐个突破”的模式，由国家层面牵头联合人民银行、市场监管、税务以及信息安全部门共同重新梳理、整合现有管理文件、实施细则以及公告等，推进《互联网银行账户管理法》出台，以“法”为基点形成完整的多层级、多场景账户法律图谱体系。

（二）依托科技赋能，搭建“画像”共享中心

人民银行应更加重视对于客户身份认证数据的采集工作，基于账户管理系统形成统一的客户身份交叉认证监控平台。牵头开展金融体系内数据的整合。在充分考虑商业银行客户如资产、消费场所等敏感信息的基础上，牵头制定各商业银行客户身份信息共享的具体内容与接口方案，形成统一的单位客户信息与账户信

息数据仓库。牵头做好跨部门间系统数据交互的支持。针对诸如市场监管系统、人力资源保障系统、征信系统、国家税务系统、不动产登记中心、公安系统等管理中涉及的多方监管平台，做好银行机构与监管部门间数据交互引导与支撑工作，实现跨监管部门间线上化信息共享，最终形成包含市场监管、账户、生物识别、资历证书、涉案涉诉信息等在内的多维度客户身份“画像”，建立客户信息共享中心，供远程开户时交叉认证使用。

（三）参与技术研发，出台行业技术标准

2018 年底，由蚂蚁金服牵头制定的国家标准《信息技术移动设备生物识别技术》（GB/T 37036—2018）的部分内容。2020 年 4 月，根据国家标准化委员会 2020 年第一批国家标准制修订计划（国标委发〔2020〕14 号），《信息技术生物特征识别——人脸识别系统技术要求》正式立项。人民银行充分结合生物识别技术在金融领域应用实际情况，组织和参与技术标准的起草与制定。同时，在积极借鉴、吸纳 IFAA 联盟以及 FIDO 联盟中国成员中现有技术标准中优秀经验基础上，牵头制定安全、保密性更高、针对性更强的金融行业专用技术标准，积极推动国内技术标准与国外发达国家标准接轨，提升远程开户过程中相关技术可靠性。

（四）打破思维定式，推进效能、风险双向提升

1. 开户前准入端，形成一体化“交叉”验证新模式。商业银行应借鉴美国以及欧盟针对远程开户多维度“交叉”验证经验，打破“远程开户就是将全套业务流程都通过线上处理”的思维定式，积极探索线上与线下一体化“交叉”验证的开户准入新模式。一方面，将对公结算账户开户过程中，部分客观性较强的信息验证环节通过远程方式进行前置，实现系统自动分析、处理，最大限度地提升开户便捷性；另一方面，对于开户过程中主观性较强或风险较高的风险环节仍保留原线下现场面对面核验的要求，有效防范开户风险，实现“效能”与“风险”的平衡。

以笔者前期调研的宁波银行对公结算账户远程开户模式探索方向为例。客户可通过微信公众号、手机银行或者微信银行发起开户预约申请并上传单位基础资料。预约完成后，系统自动推送相关信息至银行端后台，由系统远程自动完成市场监管信息识别、法定代表人信息验证、手机号码一致性校验等验证核实动作，并推送客户身份深度“画像”形成账户准入综合评价报告至开户网点客户经理以及柜员处，提示账户能否开立、开户审核环节应重点关注哪些未尽事项、开户前需具体哪些核实动作等。后续线下见客户时，经办人员可直接参考综合评价报告，逐条勾对风险事项落实事项，并完成开户。通过上述流程举措，在标准化风险管控举措、防范账户风险的同时，最大限度地减少客户柜面等待时间。

2. 开户后核实端，引入“事后把关，自担责任”的开放式管理理念。人民银行宜积极借鉴欧美国家在账户远程开户管理过程中的经验，在坚持“开户实名制”“实访尽调了解你的客户”“法定代表人面签、面核”等基本管理要求的前提下，给予商业银行自身更多的自主管理主动权，鼓励商业银行根据自身经营特点、内外部政策目标等因素探索、创新远程开户账户管理技术手段。监管部门定期重点对各商业银行具体管控举措以及管控成效进行把关，保留对于风险管控举措推进不力、管控成效不明显的银行督导与处罚权力，逐步形成“事后把关，自担责任”的账户管理新模式，实现监管部门在风控管控工作中的职能由“事中干预”向“事后统筹”转移。

通过上述举措，一方面，可促使商业银行在管理思路上由被动式的“我得做”逐渐向主动式的“我要做”转换，从而更加主动地权衡效能、收益与风险之间的关系，并结合银行自身战略目标和外部形势制定更加“接地气”的创新管理举措，提高账户管控的效果与效率；另一方面，也有利于将人民银行账户监管工作人员从繁重的事中监管工作中解脱出来，将更多的精力投入商业银行风险管控举措的创新、改进、总结工作，实现风险监管工作从“表面”把关到“实质”分析、把控的全面升级。

参考文献

［1］何燕，于静．远程开立银行结算账户存在的问题及完善建议［J］．中国管理信息化，2015（24）．

［2］夏金鹤．远程开户业务洗钱风险分析与防控对策研究［J］．武汉金融，2017（9）．

［3］王雪韬．银行账户远程开立的国际经验借鉴及启示［J］．浙江金融，2015（9）．

［4］王路．银行远程自助开户业务存在的问题应予关注［J］．金融经济，

2017（2）.

［5］吴卫明，陈伟．银行金融机构远程签约法律问题分析及建议［J］．金融科技时代，2020（4）.

［6］万佳颖．深圳前海微众银行特色发展对策［D］．保定：河北大学，2016.

［7］杜语沁，李朝晖．商业银行建设共享运营服务中心探研［J］．金融经济，2020（2）.

［8］米晓文．开放银行发展中的问题及监管政策建议［J］．金融资产，2020（2）.

企业对公账户洗钱风险及监管措施建议

——以企业对公账户异常开户案件为例

文/袁　新*

摘要：近年来，随着我国企业工商注册登记手续简化，以及企业对公账户具有日常转账方便、可转账资金流量大的特点，一些不法分子纷纷贩卖或利用企业对公账户进行洗钱，结算金额规模巨大，严重影响我国经济安全和社会稳定。本文从国内贩卖企业对公账户洗钱现状出发，以广东揭阳警方破获的国务院部际联席办通报的银行账户异常开户案件为例，深入剖析贩卖企业对公账户的洗钱手法和风险点，查找值得关注的问题，并提出相关防范建议，更好地打击国内洗钱犯罪。

关键词：对公账户　犯罪手法　洗钱风险　防范建议　监管措施

一、引言

近年来，国内非法买卖企业对公账户事件已引起监管部门和学者的高度关注。一是监管部门方面。2019 年底，中国人民银行与公安部联合下发了《中国人民银行　公安部对买卖银行卡或账户的个人实施惩戒的通知》，首次将出租、出借、出售和购买银行卡或企业对公账户的个人纳入金融信用基础数据库管理，对贩卖个人银行卡和企业对公账户行为进行惩戒。二是国内企业对公账户洗钱风险研究越来越受到学者们的重视。侯瑞（2014）认为，工商登记制度改革对我国反洗钱工作带来较大影响，市场准入门槛的大幅降低为空壳公司滋生提供了有利

---

* 作者单位：中国人民银行揭阳市中心支行。

的政策环境，为不法分子清洗黑钱提供了便利。郭健男（2019）认为，取消企业银行账户许可措施的出台与实施，压实了商业银行对企业银行结算账户管理的主体责任，极大地增加了商业银行管理企业银行账户的难度。薛岩、施文胜、王敏（2021）认为，企业银行账户已成为电信诈骗和洗钱团伙的高级“犯罪工具”，要斩断电诈犯罪案件高发幕后节点，银行企业对公账户方面的有效防控是关键点。孙园青（2020）认为，由于商业银行与工商系统不能实时对接，对于已注销或吊销的账户，若未在银行销户，则仍可使用商业银行的支付结算服务，存在较大的洗钱风险。本文的创新点在于：基于国内非法贩卖企业对公账户洗钱现状，结合国务院部际联席办通报的银行账户异常开户案例，从可疑资金监测的角度出发，深入分析贩卖企业对公账户的洗钱手法和风险点，剖析防控难点，在借鉴警方经验的基础上，提出加强风险排查、交易监测、联合打击、宣传教育等风险防控对策。满足有效防控企业对公账户洗钱风险是现实需要和深入落实 FATF 打击金融犯罪监管要求的客观需要。

二、企业对公账户的定义、特征及相关案例

（一）企业对公账户的定义及特征

对公账户，是指存款人以企业或单位的名称开设的银行结算账户。按用途分为基本账户、一般账户、临时账户及专用账户。企业对公账户具有以下特征：一是每日转账限额更高，更能满足不法分子需求；二是电信诈骗等犯罪过程中往往伴有频繁转账，用企业账户比个人账户更容易躲避金融、公安等机构监管；三是企业对公账户比个人账户具有更强的欺骗性；四是出于保护企业正常经营考虑，针对对公账户的查询、冻结等手续往往比个人账户更加复杂、难度更高，这对不法分子而言保护性更强。不法分子利用非法买卖获得的企业对公账户，可伪装成正规公司，一方面让普通市民难以辨别电信网络犯罪，另一方面通过在不同银行开设大量企业对公账户，以虚假交易对非法资金进行洗白，资金流转更具隐蔽性，能更好地躲避反洗钱监测，也增加了警方侦查办案的难度。从公安部在全国破获的案件来看，贩卖企业对公账户洗钱违法犯罪活动遍布全国，企业对公账户成为洗钱重要工具。

（二）基本案情及反洗钱部门主要做法

以广东揭阳警方破获的国务院部际联席办通报的银行账户异常开户案件为

例。自2020年1月以来，国务院部际联席办六批次通报共39条涉及揭阳市的银行账户异常开户线索，涉案企业对公账户被不法分子用于转移涉诈资金。2020年3月初，××银行广东省分行反洗钱中心在日常可疑资金交易中发现揭阳市××网络科技有限公司等14家企业对公账户异常，并向当地人民银行反洗钱部门提交大额可疑交易报告。反洗钱部门迅速组织业务骨干对可疑企业对公账户进行研判，发现一条利用向中国红十字基金会、安徽省红十字会等慈善机构捐款的方式进行账户小额测试，试图借疫情献爱心躲避金融监管的可疑资金交易线索，涉案关联账户众多，案情重大。2020年4月至5月，人民银行反洗钱部门协助公安机关成功捣毁了"办、买、卖、转、销"企业对公账户的黑灰产业网络，冻结对公账户237个，冻结涉案金额300多万元，抓获犯罪嫌疑人62名。此案是广东省揭阳市首例由金融监管部门"超前处置"，指导辖区商业银行在公安机关处置前成功止付107.05万元的典型案例，切断了不法分子利用企业对公账户"洗钱"的通道，震慑了违法犯罪分子，有力维护了辖区金融管理秩序，保障了人民群众财产安全。反洗钱部门"超前处置"可疑企业对公账户主要做法如下：

1. 强化可疑线索研判。迅速组织商业银行开展可疑账户交易情报会商，从开户情况、交易对手、资金交易频率及流向、网银IP重合、交易时间段和附言信息等方面对可疑账户进行重点研判，锁定重点可疑交易对象。通过前往商业银行查看视频、调阅传票、核实开户信息等"非接触式"调查方式，对可疑账户开户环节的业务合规性逐一进行重检。指导商业银行通过电话回访、实地查访等反洗钱尽职调查措施，以风险防控为由稳住不法分子，暗中核实客户真实身份信息。例如，2020年3月24日，指导××银行揭阳分行对14家可疑企业进行上门回访核实，无法找到登记注册地址；经拨打公司法定代表人及财务联系人留存电话，结果显示为空号或电话占线无法接通，初步判断为无实际经营的空壳公司。结合尽职调查内容，继续对可疑账户的资金交易情况进行再研判。

2. 迅速精准止付可疑账户。指导商业银行根据可疑账户客户身份重新识别情况和账户资金异常交易情况，调高账户风险等级，果断采取止付等账户管控措施，通过精准止付措施切断不法分子"洗钱"通道，有效防止可疑资金外流。例如，2020年3月25日，指导××银行揭阳分行根据相关法规，对14个可疑对公账户采取只收不付的控制措施，成功止付资金共107.05万元。2020年4月9日至5月11日，被精准止付的账户法定代表人林某群、林某锋、夏某武等人因涉嫌诈骗罪被揭阳市公安局刑事拘留。

3. 助力警方侦破案件。加强与公安机关沟通联系，对商业银行异常账户及人员进行延伸排查，将其他可疑账户一同报送公安机关，争取线索早日突破。例如，共组织排查账户1万余个，筛选可疑账户1400个，核实异常账户726个。为做好调查取证，指导商业银行配合公安机关查询可疑账户客户信息、冻结涉案资金和调取开户时的双录录像。

4. 强化后续管控责任。指导辖区商业银行强化“风险为本”的意识，落实后续管控措施。一是强化培训，不断提高商业银行工作人员的合规意识。二是履职尽责，严格把守开户审核关并建立法律责任告知机制，在开立账户时告知相关法律风险和惩戒措施。三是动态复核，严格落实账户全生命周期管理，利用大数据做好账户风险动态监测。四是全面排查，通过大数据筛选对上述案件所示异常特征的客户进行排查，为后续制定有针对性的改进措施、全面提升风险防控能力奠定基础。

三、贩卖企业对公账户洗钱手法和风险点分析

（一）通过中介人员带领开户，公司法人代表或财务人员身份与正常的公司经营者不符

不法分子开户时间集中、具备连续性，在同一中介带领下短时间内开立多个企业对公账户，并主动申请开立企业网上银行；公司法人代表或财务人员疑为乡镇村民，外貌气质较为朴实，年龄均在24岁以下，经银行工作人员询问，对公司业务一概不知，不像正常公司经营者；公司法人代表、财务负责人出现交叉任职。

（二）通过空壳网络、贸易公司骗取银行开立企业对公账户

不法分子开设的公司集中在网络科技、贸易等相关行业，公司命名较为随意，多以法人代表或财务人员名字简单修改后作为公司名称；注册地址集中在乡镇或某区域，经开户银行工作人员上门核实，无法找到企业登记注册所在地址；经拨打公司法定代表人及财务联系人留存电话，结果显示为空号或电话占线无法接通，证明为无实际经营的空壳公司。

（三）在疫情期间利用慈善机构捐款方式进行账户小额测试试图躲避监管

不法分子利用疫情期间献爱心之机，通过向中国红十字基金会、安徽省红十字会等慈善机构捐款的方式进行账户小额测试，每次捐款金额为 5 元或 10 元，测试完极短时间内即有大额可疑资金入账，金额集中在数万元到数百万元不等，试图借疫情“献爱心”躲避金融监管。

（四）资金交易规模大，频繁跨行划转，过渡特征明显，交易对手分布广

企业对公账户使用周期较短，交易时间一般不足一周，涉案金额高达数亿元，日均交易量大，每笔金额多在数万元以上；交易渠道均为网银跨行汇划，且频繁跨行大额资金划转，不计手续费损失；每笔资金快进快出，账户余额多为数百元，无任何附言信息；交易未见代发工资、缴税、缴纳水电费等企业正常运营支出；账户交易对手众多，分布范围广，较多相同或互为交易对手，涉及全国各个省、市和地区数百家金融机构，涉众面广。

（五）网银登录 IP 相互重合，与预留地址不符，疑被同一诈骗团伙控制

企业对公账户登录的 IP 地址存在大量重合的情况，如其中数家公司均在同一 IP 地址上登录了数百次，且该 IP 登录地址显示为另一地级市，与注册预留的地址不符，公司之间彼此资金往来间隔时间短，企业对公账户疑被同一诈骗团伙控制。

四、值得关注的问题

（一）新型犯罪呈高发态势，企业对公账户成为洗钱重要工具

自新冠肺炎疫情暴发以来，国内电信网络诈骗高发，在巨额利益的引诱下，不法分子非法贩卖企业对公账户的行为屡禁不止，已发展成为一条黑灰产业链，主要包括注册和开立账户及准备相关资料、中介转手、被犯罪团伙用于诈骗、洗钱四个环节。原本用于企业之间资金往来结算的企业对公账户沦为洗钱团伙的高级犯罪工具。

（二）企业工商注册登记手续简化，注册信息真实性难以辨别

近年来，市场监督管理部门不断深化商事制度改革，简化注册登记流程，实行经营场所申报承诺制，申报人对所申报信息的真实性和合法性负责，极大地降低了市场准入门槛，激发大众创业、万众创新活力。然而，监管部门不对客户工商注册登记信息进行现场和实地核查，给不法分子大批量注册空壳公司提供了便利，也加大了商业银行为企业开设对公账户客户身份识别工作的难度。

（三）频繁跨省跨机构交易，可疑资金交易监测难度加大

不法分子利用疫情期间献爱心之机，通过向中国红十字基金会、安徽省红十字会等慈善机构捐款的方式进行账户小额测试的作案手法十分隐蔽，人工分析难以分辨；用于资金交易的企业对公账户开户行遍布全国各地商业银行，与微信、支付宝等第三方支付平台频繁发生电子渠道交易，有意模糊或切断资金转移的路径，反侦查意识强，反洗钱可疑资金交易监测难度加大。

（四）特定群体和人员反洗钱意识薄弱，容易上当受骗沦为帮凶

不法分子利用村镇居民、在校学生、老年人等特定群体和人员法律知识和反洗钱意识薄弱的特点，引诱他们大量注册空壳公司，冒充公司法人代表或财务负责人办理企业对公账户，出租、出售、出借银行卡，加上由中介带领开户，专业性较强，特定群体和人员容易上当受骗沦为洗钱违法犯罪的帮凶。

五、相关防范建议

（一）加强洗钱风险提示，筑牢商业银行经营红线意识

结合疫情以来国内电信网络诈骗和网络赌博案件高发的态势，通过日常通知、风险提示、典型案例分析等方式及时向商业银行传导当前监管部门加强可疑资金监测和企业对公账户管控的新形势和要求，就同业账户管理违规情况进行通报、质询和问责，提高商业银行合规工作的敏锐性。总结提炼电信网络诈骗、网络赌博等案件新型作案手法和可疑资金交易行为特征，指导商业银行优化可疑资金监测模型指标阈值，提高模型监测的适配性。指导商业银行对企业对公账户实行全生命周期监管，提高商业银行在办理企业对公账户和日常监测时的警惕性。

（二）加强部门联合监管，全面开展风险排查专项行动

联合市场监督管理部门加强对本地企业开设、企业对公账户开立等情况开展全面的风险排查专项行动，及时共享相关信息，做好联防联控。组织商业银行对2021 年以来受理全国各级公安机关冻结的涉刑事案件账户，特别是涉电信网络

诈骗和网络赌博等案件的企业对公账户情况进行全面排查，详细掌握涉案账户情况，对涉案账户实行全生命周期监管。联合公安机关打击出租出借、贩卖企业对公账户“黑产”洗钱犯罪活动，提高涉案账户查询、紧急止付和快速冻结资金等协查工作的效率，对相关违法犯罪的单位和个人实施联合惩戒。

（三）加强企业对公账户管理，加大可疑资金交易监测力度

指导商业银行严格履行客户身份识别、客户身份资料和交易记录保存、大额交易和可疑交易报告等法定义务，按照风险为本原则，加强企业对公账户审核、深入开展可疑资金交易监测和账户尽职调查，重点排查异地开户、慈善捐款测试、无法联系开户企业、资金过渡明显、夜间交易频繁、经营异常和账户交易 IP 异常的可疑账户。对异常账户及时采取限制交易金额、调整风险等级、通知销户等措施，强化对贩卖企业对公账户涉案线索的预警、分析、报告。

（四）加强宣传教育，共同提高社会公众反洗钱意识

组织商业银行全方位开展反洗钱日常宣传，充分运用营业网点 LED 屏幕滚动播放反洗钱宣传标语，在营业场所摆放和派发反洗钱宣传海报，向群众解说反洗钱知识，公布线索举报窗口和热线电话，欢迎社会各界和市民群众广泛参与、踊跃举报，共同营造打击出租、出借、贩卖企业对公账户“黑产”洗钱犯罪的舆论声势。联合金融消费者权益保护协会加强对企业财务人员、农村居民、在校学生、老年人等特定群体的反洗钱宣传教育，提高社会公众依法开立、使用银行卡和企业对公账户的法律意识。

参考文献

[1] 侯瑞. 工商登记制度改革对我国反洗钱工作的影响及对策分析 [J]. 黑龙江金融，2014（7）：66－68.

[2] 郭健男. 浅析企业银行账户管理存在问题及对策 [J]. 现代金融，2019（8）：19－21.

[3] 薛岩，施文胜，王敏. 强化企业账户管理　打击电信网络犯罪 [J]. 金融科技时代，2021（2）：89－91.

[4] 孙园青. 商业银行反洗钱风险防控 [J]. 青海金融，2020（4）：31－33.

‖ 金融普惠 ‖

提升内蒙古农牧区支付服务水平的实践与思考

文/邹　洋*

编者按：近年来，内蒙古自治区农牧区支付服务环境建设成效显著，但受到农牧区人口老龄化、移动支付方式冲击等方面的影响，提供助农金融服务的金融机构收支差距悬殊，当前适合农牧民生产生活的支付产品较为单一，农牧区支付服务可持续发展面临较大挑战。完善多层次支付服务体系、营造科学的政策环境、健全风险防范机制和研发合适的支付服务产品，对于“十四五”期间农牧区支付服务环境顺应数字经济、金融科技发展，更好地支持乡村振兴战略具有重要意义。

一、农牧区支付服务建设特色及成效

（一）支付清算网络在农牧区全覆盖

截至2021年6月末，内蒙古自治区农牧区共有2907个银行网点接入人民银行大小额、网上支付跨行等支付清算系统（含代理接入），覆盖了农牧区所有苏木（乡镇）地区。农牧区现代化支付系统覆盖率近100%，农信银支付清算系统县城乡镇合计接入比率近100%，村镇银行接入支付系统比率近100%，支付系统直通农牧区工作成效明显。

（二）助农金融服务点全面普及应用

2021年第二季度调查统计数据显示①，全辖农牧区助农金融服务点数量达

* 作者单位：中国人民银行呼和浩特中心支行。

① 除特殊说明外，数据均采用截至2021年第二季度末调查统计结果。

16269 个嘎查（村）覆盖率达 98.72%。农牧区平均每万人拥有助农金融服务点 9.71 个、县均服务点 191 个、乡均服务点 20.62 个、村均服务点 1.49 个，支付结算服务基本辐射所有行政村。2020 年农牧区助农金融服务点办理取款、汇款、代理缴费、消费、查询、其他支付业务（信用卡还款，贷款发放、还款、查询，社保查询）合计 518.23 万笔，金额 55.44 万元。单个助农金融服务点平均办理业务 6.12 笔/周。

（三）非现金支付方式得到广泛推广

一是农牧民持有银行账户，银行卡从无到有、从有到优。截至 2021 年 6 月末，全辖农牧区共有个人银行结算账户 7039.38 万户，人均 4.20 户；银行卡发行量累计达 6313.74 万张，人均持卡量达 3.77 张。二是农牧民移动账户持有率过半，全辖完成 76 个移动支付便民工程示范旗县建设。农牧区居民移动支付开户量累计达 909.78 万户，平均每 2 个农牧民中就有 1 人持有移动支付账户。2020 年农牧区移动支付交易量达 1.05 亿笔、交易金额 7393.47 亿元。三是农牧民网络账户开户率持续攀升，全辖农牧区网上银行开通数量累计达 793.98 万户，平均每 2.11 个农牧民中就有 1 人持有网上支付账户。2020 年农牧区居民网络支付交易量达 1.10 亿笔、交易金额 6147.55 亿元。

（四）惠农支付服务广泛普及

一是在政府和农牧民之间构筑起安全顺畅的资金直补通道。内蒙古自治区联社发放 721.94 万张“惠农一卡通”，社保等 23 个主管部门的 141 类 179 项惠民财政补贴资金基本通过一卡通发放。二是银行卡叠加惠农信贷等服务。内蒙古自治区联社开通 177.39 万张“富民一卡通”，为农牧民提供一次核定、随用随贷、余额控制、循环使用的便捷贷款服务。辖区农业银行、邮储银行等金融机构面向农牧区居住的个体农户、专业大户、农业合作社等相关涉农群体发行“乡村振兴主题卡”46.01 万张，提供涉农贷款发放服务，并实行免收手续费、卡年费、服务费等支付服务优惠策略。

（五）积极助推农牧区电商发展

农牧区实现“助农金融服务点 + 农村电商”融合发展。近年来，赤峰市等地涉农金融机构以农牧区电子商务综合示范项目建设为契机，主动对接政府主管部门和电商企业，推动支付环境和商贸流通方式的转型升级。截至 2021 年 6 月末，全辖农牧区有助农金融服务点合作电商 6916 户，助农金融服务点接入电商的比率为42.51%。

二、农牧区支付服务存在的问题和原因分析

内蒙古地域辽阔，农牧区面积大，兼具农区、牧区、林区的特点，多数农牧民具有畜牧、游牧的生活习惯。农牧民“季节性迁徙”较为普遍，除农忙季节外，农牧区常住人口为原有人口的25%左右，最低的不足10%。人文地理环境上的特殊，为农牧区支付环境发展带来了众多挑战。

（一）支付服务可持续发展能力弱

内蒙古农牧区地广人稀，金融机构网点基本上集中于经济相对发达、人流相对密集的县域地区，苏木（乡镇）、嘎查（村）的银行网点极少。加之农牧民“迁徙性”的生活习惯，多数助农金融服务点仅能在生产旺季区间服务到周边的农牧民，其他时间利用率较低。

以助农金融服务点为例。服务点的日常运营费用包括网络费用、巡检费用、机具升级维护费用以及交易记录的打印费用等，假设一个服务点距离最近的银行网点20公里，则费用成本约为590元/年，如想升级该助农金融服务点，更新POS机具、配备监控、新牌匾等设施则另需800～1900元[①]。收益方面，助农金融服务点的余额查询、助农取款、生活缴费、社保查询等业务，金融机构均不收取手续费，运营收益主要依靠转账和消费交易赚取手续费，而这部分手续费同时需要与发卡方、银联分成，并且受移动支付迅速普及影响，助农金融服务点转账和消费交易量逐年下降。2020年，全区16283个助农金融服务点全年转账和消费业务分别为29.53万笔和6.06万笔，假设每笔转账业务平均收益5元、消费业务平均收益0.5元，助农金融服务点的平均运营收益约为93元/年[②]。因此，金融

① 网络费用包括POS机使用的网络电话卡、网卡等费用，也有服务点商户用手机热点、家用网络WiFi等自行承担。费用由当地运营商设定，在60～300元。估算均值为200元/服务点/年。巡检费用主要是巡检人员路费等。巡检费用按照驾车费用和人员经费测算。每公里油耗0.56元（百公里油耗8L×油价7元/100＝0.56元/公里，按市场均价计算）×2（往返），人员经费每半天50元。按收单管理办法要求至少每季度巡检1次，每年4次，得出巡检最低成本为每个服务点每年花费（0.56×2×公里数＋50）×4，即（4.48×公里数＋200）元/年。打印费用为日常所需的登记簿、打印纸等消耗物品，约需100元/年。机具设备维护费用包括POS机具更新800元、监控设备配置600元、牌匾更新500元等费用。合计为（500＋4.48×公里数）元/年。

② 根据内蒙古自治区农村信用社提供的手续费率，转账业务1万元以下的3元/笔、1万～5万元的5元/笔、5万～10万元的8元/笔、10万元以上的10元/笔，消费业务手续费率借记卡0.5%，20元封顶、贷记卡0.6%。

机构运营助农金融服务点，尤其是偏远地区的服务点，长期处于收不抵支的状态。

（二）农牧业特色支付服务滞后

近年来，农牧区产业形态逐渐从种养拓展到加工流通、电商等模式，支付需求呈现多样化、特色化。由于农牧区农资收购、牲畜买卖交易场地分散，非现金支付业务拓展成本高、难度大，金融机构精准服务农牧民支付需求和创新支付产品的积极性不高。出现农牧区支付服务项目单一、缺乏系统性、全局性规划的局面，尚未搭建起高效、智能的支付服务平台。

表 1　　各类支付方式费用比较

	转账		提现	
	手续费率	手续费用（元/头牛）	手续费率	手续费用（元/头牛）
现金	0	0	0	0
POS 机（以跨行转账为例）	借记卡 0.45%，20 元封顶	20	0	0
“福农通” POS 机①	充值 5 元/笔，代付 5 元/笔	5	0	0
微信支付	0	0	超过 1000 元，0.1% 手续费	30
支付宝	手机端免费	0	超过 20000 元，0.1% 手续费	30
云闪付	0	0	0	0
手机银行	0	0	0	0

注：按照每笔交易 1 头牛，每头牛 3 万元估算。

如通辽市某牲畜交易市场，该市场 2020 年约交易活牛 72 万头、活羊 180 万只，交易金额为 190 亿元②，市场方赚取交易费 3200 万元③。在交易环节中，现金是主要的支付和结算方式。究其原因，一是新型支付方式费用高于现金支付。POS 机、支付宝和微信等常见支付方式会产生转账手续费、提现服务费等支付费用，且交易次数越多、金额越大，支付费用越高（见表 1）。加之手机银行、云

① “福农通” POS 机是中国银联推广上线的一种专门服务农畜产品交易的支付产品。

② 牛的交易价格为 2 万 ~ 3 万元/头，羊的交易价格为 800 ~ 1000 元/只。

③ 每成交一头活牛、活羊，市场方向外地客商和牲畜养殖企业、经纪人或农牧民双方各收取 20 元、6 元交易费。

闪付等支付产品在农牧区推广普及还不充分，农牧民难以产生信任，因此农畜交易市场的支付方式仍然以农牧民“一手交钱，一手交货”的现金偏好为主导。二是非现金支付产品功能尚不能满足市场需求。为便于低价买进、高价卖出，市场方希望能够通过资金流信息，及时掌握牲畜价格变动和销往不同地区的交易量等情况。但目前的支付产品不能实现该功能，市场方推广非现金支付产品无利可享，因此不愿协助金融机构拓展业务。三是在农牧区拓展非现金支付产品成本高。牲畜交易市场位于各旗县，条件艰苦，路途偏远。金融机构拓展非现金支付产品需接洽、签约、现场注册、终端布放等工作程序，一般需要赴市场 3 次以上才能完成业务上线工作，营销成本高、难度大，收益效果较小，因此金融机构拓展牲畜交易市场非现金支付产品的积极性较低。

（三）特殊群体支付服务有短板

近年来，农牧区人口持续流出，目前农牧区人口多数为留守的老年人，但现行农牧区支付服务供给与老年人需求很不匹配。

以取用国家补贴为例。目前，各项国家惠农惠牧补贴均通过“一卡通”银行卡等非现金支付工具发放给农牧民，老年人习惯取出现金后用于日常使用，但是面临两方面的难题。一是老年人上门金融服务需求与金融机构成本高之间的矛盾。农牧区老年人因疾病、年老等无法到金融机构网点办理银行卡挂失、解锁等业务时，需金融机构上门提供服务。但由于路途偏远，金融机构网点通过上门服务的方式为农牧民办理业务成本高、频率低，很难及时满足老年人支付服务需求。二是农牧区老年人一次性取用国家补贴需求与取款限额管理之间的矛盾。目前国家发放的农牧民粮食补贴为每户 2000 ~ 2800 元，阿拉善等地区居民戍边等国家补贴为每人每年 10000 元以上，均是一次性发放，依赖现金支付的老年人习惯一次性支取。但基于风险控制的原则，现行助农金融服务点取现额度为每卡每日累计最高取款金额不得超过 2000 元（含）。

（四）新型支付工具在农牧区推广受限

长期生活在县域以下农牧区的居民，多为年纪偏大的农牧民。2021 年 4 月对 2606 位农牧区居民的问卷调查显示[①]，目前仍约有 18.04%（470 位）的农牧民

① 2021 年 4 月，课题组组织自治区各级人民银行在 12 个盟市的农牧区开展问卷调查，回收有效问卷 2606 份。问题“您认为哪种付款方式更能满足您日常支付需要？A. 现金 B. 支付宝 C. 微信 D. 云闪付 E. 刷银行卡 F. 银行汇款 G. 网银或手机银行转账 H. 其他”中，470 份问卷选择“A. 现金”的占比 18.04%。

习惯使用现金支付。

调研显示，新型支付工具在农牧区推广受以下三方面限制：一是部分农牧民对移动支付接受能力弱。习惯使用现金的470位农牧民里，40岁以上者350位，占比74.47%，学历水平初中及以下者289位，占比61.49%。长期生活在县域以下农牧区的居民，多为年纪偏大的农牧民，同时文化知识较为缺乏、与外界缺少沟通交流，对新兴支付方式不敢用或不会用现象较为普遍。即使在宣传人员入乡入户讲解支付结算知识的情况下，对独立安全使用移动支付仍然缺乏信心，因此推广新型支付产品难度较大。二是农牧区仍未形成移动支付氛围。调研中，仅有58.52%的受访农牧民认为“周围人都在使用手机付款”，61.28%的受访农牧民希望可以使用到“足不出村”的取款服务，表明目前农牧区的现金交易仍为主导支付方式。三是在牧区、山区等地，个别地区没有网络信号或信号弱①，无法保证移动支付的连续可用，因此偏远地区更加信任现金交易，移动支付场景难以有效普及。

三、提升农牧区支付服务水平的建议

在当前金融服务数字化、网络化、智能化发展趋势下，建设更适合“三农三牧”生产生活的支付服务环境，保障农牧区资金脉络畅通，推动解决农牧区“数字鸿沟”和“金融排斥”问题，对农牧区经济社会健康发展具有重要意义。

（一）完善丰富农牧区多层次支付服务体系

保障老年人、农牧民、残疾人等特殊群体从传统支付转变到新型支付方式过程的平稳过渡。一是保持农牧区适量的现金流通，继续发挥村镇银行、银行网点、助农金融服务点等物理服务点的“最后一公里”作用，在合理合适的地区适当提升助农取款服务限额，兜底农牧区传统支付服务需求。二是在风险可控的前提下，拓展线上、线下支付服务渠道，灵活采用对老、弱、残“预约上门服务”“流动金融服务车”和“远程视频服务”等模式，完善综合金融服务不出镇、支付服务不出村的农牧区支付服务环境。

（二）积极营造农牧区支付政策环境

积极适应支付领域日新月异的发展趋势，统筹做好农牧区支付环境长期规

① 据调查显示，全区约有250个嘎查（村）没有网络信号或信号弱。

划，构建包容、开放、成长的支付服务政策机制。一是推动各级政府统筹布局农牧区公共服务资源，促进行政嘎查（村）的助农金融服务点、社会保障服务点、电商服务点、移动通信服务点等公共服务点的合作共建，提升公共服务效率。二是争取政府部门对助农金融服务点的资金补贴，适当弥补金融机构金融服务支出，推动农牧区支付产品长期持续发展。三是引导银行业金融机构、非银行支付机构在农牧区支付市场相互协作、共同参与、合理竞争，多渠道拓展适合服务农牧民的支付产品。

（三）研发优化农牧区支付服务产品

积极与“数字乡村”等政府工程相结合，降低服务成本，提高服务效率，支持农牧区支付服务从实物化到数字化的提档升级。一是鼓励各金融机构利用现代化信息手段精准分析研判农牧民生产生活支付需求和服务效果，研发支持农牧民农资收购、牲畜买卖交易的支付服务产品，多渠道拓展具有农牧区贸易特色的支付服务场景，适当降低农牧区支付服务手续费。二是鼓励农牧区金融机构主动学习并参与新型支付工具的研发应用，积极参与数字人民币等不依赖网络的非现金支付模式试点工作。探索推广适合农牧区的网络支付、移动支付、生物特征支付等支付产品，稳步推进金融科技在客户服务、身份识别、风险防控、运营保障等领域的应用。

（四）健全农牧区支付风险防范机制

强化农牧民资金安全保障，防范电信网络诈骗等新型犯罪蔓延至农牧区。一是压实收单机构风险防范责任，利用数据分析、交易监测、布设安防设施等方式，提升农牧区支付交易前、中、后期风险监测和处置能力。二是以点带面向农牧民普及金融安全知识，从源头遏制支付风险。灵活运用“金融乌兰牧骑”、电视广播、宣传折页、新媒体、微视频等宣传手段，深入田间地头、农牧区学校、农畜产品买卖市场等开展支付方式和支付安全宣传，提升农牧区居民支付安全意识。

对纵深推广手机号码支付业务的思考

文/黄　辉　张咏梅　张军辉*

摘要：2019 年，中国人民银行清算总中心依托网上支付跨行清算系统（IBPS）推出了“手机号码支付”业务，极大地提升了跨行支付服务水平，改善了客户支付体验，对消弭“数字鸿沟”、助力乡村振兴具有重要现实意义。但在具体推广普及上，还存在基层行认识不明确、发力不均衡、部署不系统、职责不清晰、氛围不浓厚、使用不充分等诸多断点、盲点和痛点问题有待解决。本文拟从基层推广视角，从组织推广、宣传使用、互融共促、普惠为民等方面进行具体分析，并提出相关建议。

关键词：手机号码支付　推广使用

手机号码支付是指通过网上支付跨行清算系统将客户的手机号码与银行账户关联，支持通过提供手机号码直接办理收付款业务。手机号码支付业务由发起人向银行提交接收人手机号码，银行向网上支付跨行清算系统查询手机号码关联的账户信息，并按照网上支付跨行清算系统的支付处理流程完成该账户的收付款业务处理。手机号码支付业务面向个人客户提供，可支持转账、收费、缴费、网络红包等多种场景。客户通过商业银行将手机号码与常用银行账号进行绑定注册开通，后续的转账过程中，只需输入手机号码，即可自动关联银行账号完成支付，不用再输入账号、户名、开户行等烦琐信息。同时，资金实时计入银行账户，无须提现和支付提现费，极大地提升了个人转账的便捷度。

* 作者单位：中国人民银行庆阳市中心支行。

一、手机号码支付业务发展趋势分析

（一）发展前景

1. 政策背景。在当前党中央、国务院大力实施乡村振兴、发展普惠金融和加强县域商业体系建设等政策背景下，手机号码支付作为一种新型移动支付工具应运而生。它很好地适应了农村特色产业、农产品收购等领域的资金转移特性，为移动支付下沉农村，满足县域产业新业态、新链条、新环节的多元化支付需求和促进资金流通畅通、提升农民收支水平提供强力支撑，对提升移动支付助力普惠金融发展、巩固拓展脱贫攻坚成果同乡村振兴有效衔接具有很大现实意义。

2. 社会属性。手机号码支付是秉承“支付为民”理念下持续深化支付服务供给侧结构性改革的一项民生举措。它能持续优化移动支付在小额高频领域的服务功能，推动移动支付在便民服务领域的广泛运用，能有效解决当前社会上普遍存在的留守儿童、孤寡老人等人群“数字鸿沟”和因银行服务网点撤并后的“最后一公里”等现实问题，能更好地对接基层社会民生所急、所需。

3. 时代特征。据统计，截至 2021 年 4 月末，我国移动电话用户总数突破 16 亿户，2021 年第一季度，中国第三方移动支付交易规模增长至 74.0 万亿元，同比增长 39.1%。随着智能化手机和网络技术的迅速发展，手机号码支付的便捷、直达、可靠、灵活等特点，使客户支付体验更加流畅，在未来或将成为人们的使用首选，具有广阔的发展空间和市场潜力。

（二）功能优势

1. 流程简单、操作简易。传统的银行转账业务，需要客户详细填写银行账号、户名等有关信息，而且银行卡号位数多、难记忆、不便随身携带，在实际操作中极易出现因账号、户名错误等原因导致业务处理失败的情况。而手机号码社交性强、易获取、易记忆，开通业务后，录入收款人手机号码后直接显示核对功能，验证方式安全快捷，用户可以通过手机号码直接完成支付转账。

2. 零费用、零延误。传统银行跨区、跨行转账业务均有一定收费，且存在隔日或周末顺延到账，给客户造成诸多不便。而手机号码支付业务无需任何手续费，依托网上支付跨行清算系统全年 7×24 小时不间断运行，支持所有银行间互联互通，用户可在任何时间、任何地点随时操作、即时转账、资金实时到账。

3. 低风险、免接触。手机号码支付拥有标准化的管理制度，采用分布式多中心架构建立了独立、可用性高、安全稳定高效的处理系统，支持手机号码与银行账户关系绑定和账户信息查询业务。在注册环节，严格遵循了“客户真实身份、客户确属本人、客户真实意愿、客户真实手机号码”等严密防控原则，其非接支付特性在常态化疫情防控形势下也显得异常重要。

二、推广普及过程中存在的问题

（一）推广机制：不利于形成区域规模效应

目前，在“总对总”的主推模式下，各地人民银行机构主要针对本地法人机构进行组织推广，其他各国有大型商业银行及区域外城商银行主要按照其总行部署进行推广，当地人民银行不掌握辖内该类机构的真实推进现状，难以对辖区进行统筹规划，合理部署整体推广进度，很难形成可掌控、可比对的全局推广效应和规模效应。以甘肃省庆阳市为例，人民银行重点主导在辖内 2 家城商行和 8 家农信合机构推广，不利于在全辖形成统一的发展格局。

（二）推广流程：逐级弱化趋势明显

主要表现在各国有商业银行在手机号码支付业务发展上，普遍存在“上热、中温、下冷”的局面，各上级行在“手机号码支付”业务整体安排部署上多停留在宣传、倡议层面，未下达具体目标计划，对各分支机构的推广情况不作相应质效评价。这直接导致基层机构重视程度明显不够，且越往基层越弱，甚至出现传导断层，不但影响本系统推广效果，而且对其他机构的推广信心造成一定影响，弱化了辖区整体推广的市场化竞相发展态势。

（三）推广使用：重推轻用问题突出

手机号码支付业务是一项新兴业务，推广使用时间短，各机构普遍存在重推广、轻使用的情况，在引导公众“用”的环节上，缺乏相应的考评激励措施，对已注册用户也没有提供及时的支付体验和后续维护，不能精准引导用户自发形成“注册—使用—推介—扩张”的闭环连锁反应，导致大量用户处于拓而不活的“僵尸”状态。

（四）推广目标：重心定位不准

目前，各机构在“手机号码支付”业务的推广中，不同程度地存在任务观念，普遍紧盯城市年轻、知识层次高、经济活跃等易得人群进行拓展，此类人群一般都掌握多种线上业务办理方式，充其量只起到“锦上添花”的作用。在整体推广的思维理念上，既没有深刻理解“手机号码支付”对改善农村支付环境、助力乡村振兴、发展普惠金融的重大现实意义，也没有把推广普及纳入为民办实事的大盘子，精准定位，下沉重心，快速转化为消弭“数字鸿沟”、优化适老化服务等有效解决群众急、盼、难问题的有力举措，发挥出应有的“雪中送炭”功效。

（五）推广普及：手段渠道单一

“手机号码支付”作为一种新兴的支付手段，在场景建设上显得势单力薄，尚未形成规模化、用户忠诚度高的成熟场景，也缺乏大范围可复制、可借鉴的成功推广案例。目前仍主要依赖传统的线下渠道进行拓展，加之一些银行机构仍没有将其推广与本行的业务发展有机融合，宣传频次低、渠道单一，针对性不强、受众面较窄，导致社会公众对其业务便利、直达、适用、优惠等特性认知度明显偏低。

三、对策建议

（一）构建“纵横”双线协同推广机制

在具体的推广模式上，进一步压实“总对总”推广责任，督促其加强条线传导过程管理，逐步推动当前的推广趋势从“倒金字塔”向“金字塔”转变。同时，要建立以辖区人民银行为主导、区域内各银行机构共同参与的区域大一统推广体系，形成多方联动、齐抓共建的推广氛围。

（二）持续深植“支付为民”的推广理念

引导各机构要不断下沉推广重心，深化农村市场的深耕细作，通过新农村、移民搬迁点、涉农小微企业等人群聚集区，打造乡村、社区示范点，以点带面，辐射发散，有效解决农村地区服务短板和支付“数字鸿沟”问题。另外，要建立导向清晰的推广质效评价体系，将各机构、各地区的推广工作纳入本机构和本辖区的助力乡村振兴、发展普惠金融、推动移动支付便民工程等评价指标体系，切实提升对推广工作的重视程度。

（三）强化“用”的目标导向

持续引导各机构在不断加大全方位、多层次的宣传力度、频度和扩大场景带动效应的基础上，设立“月活用户”统计口径，将每月至少成功办理1笔以上的手机号码转账业务的用户进行统计、通报，调动各机构引导用户使用的积极性和主动性。同时，要探索建立手机号码支付功能与5G消息等前沿科技信息技术的有机融合，改善当前搭载平台过于单一、注册生物验证不够灵敏、快捷等瓶颈，不断提升群众便捷度和市场竞争力。

中小机构

农村商业银行支付结算的现状分析与未来展望

文/张二龙*

摘要：随着社会的发展、金融科技的革新、金融监管政策的变化等，金融机构支付结算的渠道、模式、结构等方面都在变化，各金融机构尤其是中小型金融机构因自身定位、规模、体制等不同，在支付结算上也表现出显著差异。本文旨在以农村商业银行支付结算的现状为基础，分析农村商业银行支付结算的优势、劣势，提出解决劣势的优化措施，提升农村商业银行支付结算的竞争力，促进农村商业银行的经营发展。

关键词：农村商业银行　支付结算　现状　优势　劣势　展望

截至2020年末，全国共有省级农村信用社联合社（以下简称省联社）25家，农村商业银行1539家，农村信用社616家，农村合作银行27家，法人机构数占全国银行业金融机构法人的47.96%，农信类金融机构依托品牌、网点等优势，经过数十年发展，已成为我国金融体系的一支重要力量。

以安徽省为例，在经营方面，2020年末安徽省联社共下辖83家农村商业银行，共有营业网点3000多个，在岗员工3万多人，存款余额12000亿元、贷款余额9000亿元，存贷规模位居安徽省第一。在支付结算方面，对内全省83家农村商业银行以省联社为核心，建立起省级行内清算系统，对外以人民银行大小额支付系统、农信银资金清算中心、银联支付结算系统为渠道开展跨行和农信社跨省支付结算。

* 作者单位：安徽天长农村商业银行。

一、农村商业银行支付结算的现状

（一）省内支付结算行内化

2020 年末，全国范围内农村商业银行、农村信用社、农村合作银行等法人农信金融机构共计 2182 家，除北京、上海等直辖市和少数经济发达城市的农村商业银行外，农村商业银行都是以省联社为核心（宁夏回族自治区为宁夏黄河农村商业银行）建设支付结算系统。省联社开发的支付结算系统是农村商业银行开展支付结算的基础，各农村商业银行借此突破县域和市域限制，实现了省内法人机构之间支付结算行内化。以安徽省为例，2008 年安徽省联社上线第一代支付结算系统时，便将全省农信机构的数据联网，数据集中存储，实现全省数据共享、通存通兑等业务；2018 年新一代支付结算系统上线，进一步强化了数据交流，全省 83 家法人农村商业银行共用一套系统，各项数据和服务实现行内化，让安徽省内 83 家农村商业银行之间的支付结算跃入行内结算阶段。

（二）跨省支付结算行外化

自 2001 年 9 月 19 日全国第一个省级信用联社江苏省农村信用合作社联合社宣告成立以来，全国成立省联社 25 家，各省辖内农村商业银行的跨行支付结算以人民银行大小额支付系统和银行支付结算系统为渠道，农信机构之间的跨省支付结算以农信银资金清算中心为渠道。其中农信银资金清算中心是由全国 30 家省联社、农村商业银行、农村合作银行及深圳农村商业银行共同发起成立的全国性股份制金融服务企业，专门为农信系统跨省支付结算提供服务。该渠道上，各农信机构的跨省支付结算与人民银行大小额支付系统的跨行清算基本相同，跨省支付结算仍处于行外清算阶段。

二、农村商业银行支付结算的优势

（一）“农信”品牌继承，品牌认可度高

农村商业银行由农村信用社改制而来，继承了农村信用社的品牌优势，自 1950 年中国人民银行和中华全国合作社联合总社提出首先在华北试办信用社以来，农村信用社历经多次改革，已持续经营 70 余年，形成了较为广泛的品牌认

同。目前全国范围内，各省的农村商业银行、农村合作银行、农村信用社在省级范围内存贷规模都处于前列，尤其是在县域经济中，其市场份额更加突出，品牌认可度也更加明显，较高的市场份额占比，意味着更大规模的支付结算需求。

以安徽省为例，2020 年末安徽省辖内农村商业银行的存款余额为 12000 亿元、贷款余额为 9000 亿元，存、贷市场份额都在 20% 左右，位居安徽省第一；在县域经济方面，以安徽省某县级市为例，2020 年末该市存款余额为 475. 20 亿元，该市农村商业银行存款余额为 173. 98 亿元，市场份额为 36. 61%，全市贷款余额为 389. 71 亿元，该市农村商业银行贷款余额为 114. 08 亿元，市场份额为 29. 27%，可见农村商业银行承接的农村信用社品牌仍然具有较为广泛的认可度，品牌优势突出。

（二）网点多、分布广、本地化优势明显

农村商业银行作为农村地区金融服务的主力，网点分布多，人缘和地缘优势都较为明显，此前农村信用社多以乡为单位设点，政府推动撤乡设镇后，农村信用社出于服务等考虑并未相应减少服务网点，改制为农村商业银行后，基层网点多成为天然优势，在没有同业竞争的情况下，农村商业银行成为当地群众获取金融服务的唯一选择。农村商业银行的职工多为本地人，服务对象也多是本地居民和当地企业，在获客上渠道多、熟悉本地资源等优势明显。

以安徽省某市的农村商业银行为例，该行共有 46 个服务网点，其中城区网点 11 个、乡镇网点 35 个，乡镇网点中有 27 个网点无同业竞争，在人员结构上，全行职工中，95% 以上是本地员工，农村商业银行的网点优势和本地化职工优势十分明显。

三、农村商业银行支付结算的劣势

（一）跨省支付结算服务便捷性低

农村商业银行的支付结算依托省联社的系统开展，省内农村商业银行共用系统，实现清算行内化。农村商业银行之间跨省支付结算的渠道主要包括农信银支付结算中心、人民银行大小额支付系统和银联支付结算系统，其中大小额支付系统和银联支付结算系统各商业银行都可以使用，是通用的跨行支付系统。农信银清算中心是农村商业银行之间开展跨省支付结算的专属渠道，农信银支付结算中

心目前的功能，更类似于只在省联社之间使用的简易版人民银行大小额支付系统，能够实现省联社之间的资金支付和清算功能，但无法实现像各省农商银行内部之间的行内化支付结算、数据共享等，在通存通兑、电子汇兑等多方面都存在局限性。专属支付结算渠道农信银支付结算中心与大小额支付系统之间的同质化，造成农村商业银行跨省支付结算的行外化，支付结算功能的行内便捷性被限制在各省省联社范围内，客户的支付结算服务体验和便捷性都低于国有大型商业银行和全国性股份制商业银行。

虽然农村商业银行的服务客户多为本地居民和本地企业，但随着社会的发展，本地居民外地打工等情况普遍存在，人口流动性增加。农村商业银行的传统自然人客户跨省流动后，面对农村商业银行不便捷的跨省支付结算服务，不得不放弃使用农村商业银行结算账户，改用具备更高便捷性的国有大型商业银行进行支付结算。这客观上也造成了农村商业银行的储蓄存款结构不合理，即活期储蓄存款占比低，定期储蓄存款占比高。

以河南省为例，第七次人口普查数据显示，河南省外出到省外半年以上的人口有 1610 万人，占全省常住人口 9936. 6 万人的 16. 20%，且跨省流动人员多为具有劳动能力和储蓄能力的中青年，跨省支付结算的行外化，很大程度上影响了跨省流动人员使用农村商业银行支付结算服务的意愿。

（二）跨行支付结算分类繁杂，存在知识壁垒

支付结算最终的服务群体是客户，一般客户并不具备专业的金融支付结算知识，如果收款账户对付款人形成了知识壁垒，那么不论是收款人还是付款人都倾向于变更收款账户，用于规避知识壁垒。在跨行支付结算方面，农村商业银行的收款壁垒明显，首先是农村商业银行、农村合作银行、农村信用社名称壁垒，除了从事金融工作的人员，普通人很难理解以上三类金融机构的区别，在向上述三类金融机构汇款时会形成无法准确定位收款行的情况；其次是各家银行的支付平台对农村商业银行的名称等分类不同，存在更新不及时、分类不准确等现象，也造成了付款人在支付结算时无法准确定位收款行；最后是部分商业银行在按照行政区划分类金融机构时，仅设置到地级市级别，无法定位到县域农村商业银行，造成付款障碍。

以农业银行的手机银行进行跨行支付结算时为例，如向农村商业银行汇款，收款行可选项有农村信用合作社、农村商业银行、农村合作银行、省联社、部分地市农村商业银行等多种名称，对不具备金融专业知识的付款人，形成了知识壁垒。

（三）移动支付普及程度不高，支付结算电子化率偏低

随着信息技术革命和群众受教育程度的提升，大型商业银行等借助手机银行等移动支付产品，快速实现了移动支付普及，并以此为基础压缩柜面一般业务，快速提升了支付结算电子化率，农村商业银行在移动支付普及程度上落后于大型商业银行，支付结算电子化率偏低。首先是农村商业银行的产品开发落后，手机银行等移动支付产品的推出采取的都是跟随策略，在大型商业银行成熟产品推广上市后才推出相应的产品；其次是客户群体不同，农村商业银行的客户群体对移动支付的操作能力、接受程度都要低于大型商业银行的客户群体；最后是农村商业银行对移动支付的重视程度不足，在考核上对支付结算电子化缺乏侧重，支付结算电子化推进动力不足。与此同时，大型商业银行在移动支付领域早早布局，并将手机银行打造成了个人客户的综合门户入口，形成了显著的引流作用。以工商银行为例，2020 年末工商银行手机银行已经更新至第六代，手机银行客户达 4.16 亿户，占工商银行个人客户数 6.80 亿户的 61.17%。

（四）人员储备和人员素质无法满足多元化支付结算需求

随着社会经济的发展，客户对支付结算业务需求不断多元化，促生了不同的支付结算业务，对商业银行的人员储备和人员素质提出了更高的要求。大型商业银行在人员储备方面优势明显，人员招聘、培养体系较为完整，而农村商业银行伴随着自身业务的不断发展，现有人员结构中专业人才的结构性匮乏，已显得愈发严峻。一是缺乏反洗钱专业人才，近年来反洗钱监管日渐趋严，农村商业银行在反洗钱方面历史欠账较多，且缺乏足够的反洗钱专业人才，在政策执行层面缺少支撑，导致农村商业银行在反洗钱方面频频被监管部门处罚；二是缺乏国际结算业务人才，目前国际贸易已不仅限于东南沿海地区，大量内陆企业也开始从事自营国际贸易业务，国际结算需求旺盛，但相关市场基本被大型商业银行占领，农村商业银行在国际结算方面缺少专业人才，县域农村商业银行普遍未开展国际结算业务。

四、农村商业银行支付结算的优化措施

（一）以农信银资金清算中心为依托，将跨省清算行内化

现有的省联社体制设置，让农村商业银行的省内支付结算服务越过小型商业

银行的限制，达到地方大型城市商业银行的水平，而如果能够打破跨省支付结算壁垒，农村商业银行的支付结算服务将能够上升到与大型商业银行相同的水平，甚至借助网点分布的优势，在服务便利性上更胜一筹。农信银资金清算中心作为省联社共同出资设立的支付结算渠道，是现有条件下相对合适的平台，在国家级层面对农信银清算中心进行数据改造，向各省联社协调数据，实现跨省支付结算行内化和数据实时共享等功能，对跨省流动人员将更具吸引力，会进一步提升农村商业银行的支付结算服务竞争力，带动业务发展。

（二）统一机构分类，打破支付壁垒

农村商业银行作为银行金融机构，分类繁杂的机构设置，对付款人形成了知识壁垒，限制了农村商业银行的跨行结算潜力，如果农村商业银行能够将在支付结算系统中的字段统一为农村信用合作社或农村商业银行一种名称，将在很大程度上打破支付壁垒，提升客户使用农村商业银行支付结算的意愿，增强农村商业银行支付结算的竞争力。

（三）改变思维方式，加快电子银行布局

支付结算电子化、移动化是商业银行提供支付结算服务的趋势，农村商业银行在电子银行的发展布局上，落后于大型商业银行，其中有重视程度、产品开发、客户群体等多方面的因素。农村商业银行必须改变思维方式，放弃纯粹的线下获客思想，重视电子银行的发展，加快电子银行布局，向工商银行等大型商业银行学习，借助电子银行产品拓展自身在青年群体中的影响力，将手机银行作为个人综合门户入口大力发展，才能守住未来的支付结算市场。

（四）加强专业化人才培养，满足多元化支付结算需求

随着客户支付结算需求的变化，支付结算服务已不再局限于支付和收款业务，在科技赋能和金融监管的大环境下，银行自身的支付结算系统也越来越复杂，对人才的需求也越来越高。农村商业银行尤其是县域农村商业银行现有的人才储备已无法满足国际结算、反洗钱、移动支付等需要，必须加强专业化的人才培养。省联社需要在人才培养上扮演牵头人的角色，带动辖内农村商业银行进行专业化的人才储备和培养，在解决农村商业银行核心技术平台问题的同时，配套解决执行层面的人才问题，让农村商业银行具备对外提供多元化支付结算服务的能力，提升农村商业银行的支付结算竞争力。

五、农村商业银行支付结算展望

农村商业银行作为我国金融体系的重要组成部分，仅以独立法人而言，在支付结算竞争力上与大型商业银行相比劣势明显，但省联社的体制设置，让农村商业银行的省内支付结算服务具备了与大型商业银行一争高下的能力。如果农村商业银行能够利用好省联社支付结算平台和农信银支付结算中心这一跨省支付结算渠道，实现跨省支付结算行内化，辅以农村商业银行县域市场的领先地位，农村商业银行在支付结算服务领域的竞争力，将超过地方大型城市商业银行，达到全国性商业银行的水平，对农村商业银行的经营发展，会带来不可估量的推动作用。

构建渠道、聚焦场景，让支付服务更有温度

文/李红丽[*]

摘要：一直以来，河北银行始终坚持以人民为中心的发展思想，牢固树立“支付为民”的工作理念，不断夯实支付清算服务基础设施，满足企业和个人客户日趋多样化的金融服务需求，在渠道和场景建设上，拥抱金融科技、携手数字化转型，力求让客户体会到更便捷、更贴心的服务。

关键词：支付服务　渠道　场景

一、以安全为基石，筑造完善可靠支付保障体系

近年来，河北银行不断深化金融科技应用，打造安全、便捷、智能的一体化支付体系，通过夯实基础设施建设、强化网络安全纵深防御、提升运维监测能力，保障支付体系安全稳定运行。

（一）创新理念，打造支付一体化中台建设

围绕“中台化”及“1+3+N”的系统建设理念，以人民银行支付系统为主，网联、银联、城银清算等支付清算系统为辅，接入通信、电力、燃气、医保及社保等第三方公共及服务机构，打造行内统一支付中台，通过技术组件化和服务化封装，重塑支付、转账、缴费、账户认证等交易功能，构建线上线下一体化的支付服务体系，实现传统支付与新型支付双轮驱动，支持渠道多元化、场景服务化、支付便捷化。

* 作者单位：河北银行股份有限公司。

（二）加强科技基础设施建设，不断优化完善安全运维能力

一是优化基础设施架构，夯实系统运行的数字底座。应用虚拟化及存储双活等技术，提高基础设施整体云化建设和灾备支撑能力，稳步推进基础硬件架构优化，提升基础设施服务能力，满足业务创新弹性扩容、快速迭代的敏捷化需求。二是建立科技服务台，实现一站式服务，同时完善一、二、三线运维工作团队和工作机制，实现7×24小时不间断运行监测，进一步提升运维服务标准化和科技基础服务能力。三是强化网络安全纵深防御，通过异构的防护设备，多维度丰富防护手段，准确全面地发现和处置风险，同时基于大数据态势感知系统，在防范网络攻击和分析威胁趋势的基础上，实现全局感知和预判预警，进一步提升安全风险应对能力。四是持续完善运维一体化系统建设，通过自动化运维监控、性能分析平台、大数据日志分析平台等系统的持续性建设，运用大数据智能分析等手段，优化支付系统运行指标监控和告警，完善自动化、智能化运维体系，提升支付系统巡检及监控的智能化程度。

二、构建多元支付渠道，践行惠民利企服务宗旨

（一）完成智能网点转型，提升网点服务效能

为适应复杂多变的金融环境以及客户行为方式的变化，提升客户体验，2017年，经过周密的市场调研，河北银行拟定了智能网点的建设思路，2018年底正式投产使用。与资金雄厚的国有商业银行在网点布设大量多种大型智能自助设备不同，河北银行将配备智能自助机具与移动设备相结合，以移动PAD为主，兼顾厅堂自助和外拓展业需要，通过移动设备管理系统，设置业务权限，在保证业务开展的同时有效控制风险。开发了基于Windows、安卓、IOS平台的体验一致化设备前端应用程序，实现在多种机具上为客户提供统一、规范的智能化服务。智能网点服务系统结合人脸识别、无纸化处理、影像处理等技术，承接了开卡、汇款、存取款、销户、密码重置等绝大部分（92%）个人业务，部分业务处理效率较柜面提升近一倍。

（二）实施零售渠道整合，优化线上服务技术底座

河北银行电子银行始终致力于提升客户使用体验以及精细化服务水平。2020年，河北银行成功实施了零售电子渠道整合项目，应用近年来较为先进的技术架

构完成了手机银行、个人网银、微信银行的整合重建，一方面实现了用户体系、账户体系、限额体系的统一，提升了用户体验；另一方面各渠道统一运营更加高效，系统快速迭代能力有所增强，业务支撑能力有效提升；同时采用了分布式微服务架构和大量缓存技术，系统运维更加稳定。

河北银行新版手机银行得到客户普遍好评，并获得多项殊荣，一是在中国金融认证中心第十六届中国电子银行年度盛典大会上，河北银行荣获2020年度“最佳个人手机银行奖”大奖。二是在金融界网站主办的“第五届智能金融国际论坛暨2020金融界领航中国年度盛典”中，河北银行手机银行被评为“杰出手机银行APP奖”。三是荣获2020中国电子银行调查报告区域性商业银行零售电子银行综合评测第二名。四是获得2021中国金融数字科技创新大赛综合智能平台银奖。

（三）助力乡村振兴，提升农村金融支付服务能力

自2016年开始，河北银行在河北省内开展了助农取款服务，满足农村客户不断提升的金融服务需求，为广大农村客户提供余额查询、小额取款、转账汇款、现金汇款等便捷的普惠金融服务，免除客户开卡、换卡、年费、转账手续费以及动账短信等多项费用，丰富了各项缴费功能，除可以缴纳电话费和燃气费外，还实现了村民足不出村就可以缴纳医疗和养老保险；同时打造了农村客户专属的农村版手机银行，设计了更加贴近农村客户特点的专属页面，提供了简单、便捷、功能丰富的专属服务和优惠活动。针对农村老年客户还提供了大字版手机银行，为农村的老年客户提供了关键信息易读、操作步骤易懂的便利化线上服务。

河北银行将普惠金融服务与政府在农村基层打造的综合服务站相结合，以参与乡村振兴并在其中发挥更大作用为引领，以努力成为农民生产生活的生力军和综合平台为目标，通过提供党务政务服务、社会公共服务、供销商品服务、农业生产服务以及普惠金融服务，将一体化的综合服务体系全面深入乡村，真正实现了居民生活消费升级，使农村客户在家门口就可以享受到功能完善、便捷高效、安全舒适的综合性服务，提高广大农村客户的获得感、幸福感和安全感，真正实现便民、惠民、利民的服务宗旨。

截至2021年8月底，累计服务农村客户50余万户，覆盖了石家庄、保定、邯郸、衡水等10个地市的43个县，涉及1600多个村，真正做到了打通农村金融支付服务的“最后一公里”。

（四）建设开放银行，让金融服务无处不在

2020 年 9 月，河北银行“开放银行”正式上线，该平台封装线上收银、缴费、科技三项功能，支持线上收单、线上商户的快速接入，以及通过场景融合的方式与其他网站及 App 等第三方单位和企业平台实现连接，利用自身金融科技能力、渠道和平台与非金融机构的生态圈打造开放式创新平台，实现服务延伸和场景化金融，对于 C 端用户，将线上消费、投资理财、信贷等金融服务嵌入生活场景；对于 G 端用户，与金融政务流程相结合，助力医疗、教育、社保、财政、缴费等民生服务；对于 B 端客户，提供安全便捷的线上化产品及服务，加速企业客户的数字化转型。目前，河北银行已开放了对公跨行网关转账、个人支付、批量扣款、生活缴费等业务场景，陆续开始为企事业单位提供便捷的支付服务。

三、融合链接生态场景，延伸金融支付服务触角

（一）科技赋能，丰富教育场景建设

河北银行将金融服务与校园生活有机结合，助力校园信息化建设。河北银行主打的教育场景校园消费是由学生家长开通银行借记卡，并将学生本人的人脸信息与家长的银行卡绑定，即可实现在学校的食堂、超市、医务室等消费场景下，学生刷脸完成校园消费。“刷脸”消费模式，让家校沟通更加及时便捷，孩子用得开心、老师管理顺心、家长监督放心。

一直以来，河北银行不断创新研发“教育缴费”“智慧校园”等云端产品及服务，已为近 400 家学校提供线上结算服务。未来，河北银行将持续推进教育场景生态圈建设，加强科技数字化创新融合，不断提速教育产业的智能化、移动化和数字化建设进程。

（二）线上支付，拓展生活场景服务

河北银行建设的线上便民服务场景主要分为生活缴费和生活服务两大类，生活缴费涵盖水、电、暖、燃、通信、有线电视、社保等多个领域，通信费缴费覆盖全国，电费、有线电视费、医保及养老缴费覆盖河北省全省各市县，水暖燃缴费覆盖河北省各市及 20 多个县，还在持续进行拓展。目前已与 50 余个缴费单位合作、对接开展代收费业务，年办理数量达 200 万人次；生活服务涵盖出行、教

育、健康、购物四大行业 18 个子场景，与 30 余家合作方共同为客户提供洗车、加油、代驾、保养、旅游、在线问诊、点外卖、视频会员充值等服务，电子渠道便利、丰富的线上便民服务，为客户大大节约了时间成本和交易成本。

（三）聚合支付，提升医疗服务能力

随着“互联网 +”时代的到来，医疗行业不断打破传统医疗服务模式的壁垒，构建了人工窗口 + 自助终端 + 移动医疗服务平台的服务体系。随着服务渠道的不断增多，每种服务渠道对应的支付方式也随之增多，医院需要分别与微信、支付宝、银联、医保等进行对账，医院财务人员工作质效面临前所未有的挑战。

为顺应医疗费用支付结算方式改革，在保证资金安全的情况下，满足患者多样化、便捷化结算要求，同时辅助医院开展有效的财务管理，河北银行将聚合支付引入医院各个渠道的服务流程，进行统一的资金结算及对账管理，有效降低了在新支付环境下的医院结算服务成本，改善了患者的就医体验。

目前河北银行银医合作医院数量已达到 40 家，不仅包括省市级的大医院，还将服务延伸到区县级医院，其中三级以上规模的医院有 11 家，二级以上三级以下规模的医院有 23 家。

（四）电子非税，助力抵押贷款线上化

河北银行积极响应政府号召，实现非税收入电子化收缴，通过银行卡刷卡、微信、支付宝、云闪付快捷缴纳交罚、车管、市政、工商行政、教育等非税业务。在此基础上，2019 年河北银行通过与各地市的不动产登记中心业务系统打通，为不动产登记部门定制专属流程，在办理不动产登记业务时，客户无须在登记大厅等待，待登记部门处理完毕后，通过短信方式告知客户，客户足不出户即可通过微信、支付宝进行扫码支付，自助打印非税电子发票。这一办理模式极大地提升了石家庄市的不动产登记效率，河北银行成为省内首家实现不动产登记费电子化收缴的银行。同时，该功能打通了本行抵押类产品“房 E 贷”线上办理的最后关卡，实现了该产品全流程线上化办理，极大地提升了业务处理效率，提高了客户体验度。截至 2021 年 8 月末，在石家庄地区共办理“房 E 贷”业务约 4500 笔，金额合计约 30 亿元。

未来，河北银行将继续坚守“服务地方经济、服务中小企业、服务城乡居民”的市场定位，践行“朋友金融、知心致行”的品牌理念，以高质量发展为引领，创新支付工具、开拓业务场景，使金融支付服务再上一个台阶。

村镇银行盈利模式的探讨与转型

文/梅海燕*

摘要：村镇银行作为新型农村金融机构，进一步完善了农村金融体系建设，发展至今已有10多年的时间。虽然目前我国政府一直积极推进农村金融机构改革，并出台相应的扶持政策，但是从近几年村镇银行发展现状来看，村镇银行本身面临的困难是显而易见的。村镇银行能否持续发展直接关系农村经济改革发展，因此研究村镇银行盈利模式，如何实现村镇银行盈利模式转型具有现实意义。本文通过分析影响村镇银行盈利的因素，在可持续发展的前提下，从村镇银行发展的政策背景、市场定位、风险管理、业务发展等方面入手，在以利差为主要盈利方式的情况下，探讨如何提高村镇银行盈利能力，从而实现转型。

关键词：村镇银行　盈利能力　盈利模式　转型

一、研究背景

自改革开放以来，随着社会经济的不断发展，农村地区对金融服务的需求产生了较大的变化，主要体现在贷款需求明显提高。作为农村金融机构，在可持续发展的前提条件下，以带动当地农村地区经济发展为目标，不断探索适应当地经济发展的信贷产品，满足农村地区融资需求。

2006年中央一号文件明确指出，鼓励在县域内设立多种所有制的社区金融机构，允许私有资本、外资等参股。之后银保监会先后出台《关于调整放宽农村地区银行业金融机构准入政策　更好支持社会主义新农村建设的若干意见》《村

* 作者单位：宣州湖村镇银行。

镇银行管理暂行规定》《村镇银行组建审批工作指引》等相关文件，进一步加快了村镇银行的设立。2007 年 3 月至 5 月全国首批村镇银行相继开业。

村镇银行是我国重要的新型农村金融机构，诞生后，村镇银行便被赋予了填补并激活农村金融市场的重担。我国村镇银行已经经历了十余年的成长与发展，村镇银行的存在，为我国金融业发展拓宽了道路，也给农村金融市场注入了活力，促进了农村金融多元化发展。但是因为村镇银行在我国还属于起步阶段，其在运行模式、管理方法等方面均存在一定的弊端，需要进行相应的改进。

二、影响村镇银行盈利的因素分析

（一）影响村镇银行盈利的内部因素

1. 法人治理存在的弊端。村镇银行按照一般公司模式设置基本的法人治理，实行“三会一层”，即股东会、董事会、监事会和经营管理层。村镇银行是新型农村金融机构，它的设立是国家为建立健全农村金融体系诞生的产物，旨在服务农业、农村、农民。其市场定位主要体现在满足农户的小额贷款需求和服务当地中小型企业。

不同于国有商业银行法人治理模式，村镇银行允许私有资本、外资入股，在一定程度上为村镇银行法人治理提供了活力。但是《村镇银行管理暂行规定》又明确提出，境内银行业金融机构为其最大（或唯一）股东。这种法人治理模式可能导致村镇银行成为主发起行的另一个分支机构，不能体现村镇银行独立法人的自主决策功能，从而导致村镇银行在实际经营过程中市场定位发生偏离。

2. 村镇银行的人才资源匮乏。首先，因村镇银行起步晚，社会认知度不足，且村镇银行大多设立在偏远地区，所以村镇银行在人才吸纳上远不如其他国有商业银行。其次，为了加快市场的开拓，促进业务发展，村镇银行招聘的员工大部分来自本地，虽然他们熟悉本土环境，但可能存在专业知识不对口的问题，而且很多是大学应届毕业生，资历尚浅，风险意识薄弱。由于村镇银行自身发展的原因，人才流动性相比国有商业银行要高得多。这在一定程度上进一步加大了村镇银行招人难、留人难的困难。

3. 村镇银行的抗风险能力薄弱。村镇银行目前面临的风险主要体现在信用风险、操作风险、流动性风险三个方面。

村镇银行的市场定位是为“三农”服务，在推进农村地区经济发展的过程中，由于受经济下行、行业竞争和地域环境等因素的影响，农村地区贷款多以小额分散为主，并且多为信用贷款，这在一定程度上导致银行面临的不良贷款压力增大，潜在风险客户持续增加。如果借款人无法按期归还贷款本金和利息，便产生了信用风险。不良贷款的产生需要耗费村镇银行更多的人力资源去清收，从而间接提高了村镇银行的经营成本。

操作风险产生的主要原因是银行工作人员对业务不熟练，专业知识不足，风险意识薄弱。另外，村镇银行人员的频繁流动进一步提高了银行操作风险发生的概率，成为一个连锁反应。

村镇银行资产形式单一，变现能力较差，主要资产业务就是贷款业务，资产的大部分被贷款所占据，贷款受合同期限等因素的影响，流动性较差，其在资产结构中的高占比，必然限制了整个资产的流动性。

4. 贷款需求大于吸储能力。农村地区经济发展远远不如城市地区，而近几年国家大力推动农村地区经济发展，这就形成了农村地区资金需求大的局面。村镇银行是为进一步推进农村地区经济发展的产物，但由于其发展历史有限，品牌知名度尚低，农村地区人口更愿意将资金存放在国有商业银行或当地农商行，造成了村镇银行吸储难的局面。

5. 支付结算功能单一。近几年来，中国人民银行相继完成了大、小额支付系统在全国的推广应用，搭建了跨行资金清算的“高速公路”，为各银行及清算机构提供了业务发展和创新的平台。

但是由于目前村镇银行收入来源主要依靠存贷利差，资金使用成本高，在发展初期为了降低营业成本，村镇银行的结算渠道虽然也是大、小额支付系统，但是未完全使用该系统的功能，导致资金到账速度慢等，这也在一定程度上影响了村镇银行的口碑。

（二）影响村镇银行盈利的外部因素

1. 收入来源主要是贷款利息收入。村镇银行主要为“三农”服务，《村镇银行管理暂行规定》提出，村镇银行在缴足存款准备金后，其可用资金应全部用于当地农村经济建设。村镇银行发放贷款应首先充分满足县域内农户、农业和农村经济发展的需要。这一规定决定了村镇银行业务种类的单一性。不同于国有商业银行，大部分村镇银行目前还不具备开展信用卡、大额存单、国债、贵金属等业务的条件。村镇银行业务的单一性也决定了其收入来源主要依靠贷款利息收入。

2. 政府扶持力度薄弱。为促进经济发展，国家近几年也出台了各种政策大力支持农村金融发展，包括《农村金融机构定向费用补贴资金管理办法》《普惠金融发展专项资金管理办法》《财政县域金融机构涉农贷款增量奖励资金管理办法》等。但这些文件同时也规定了涉农增量补贴和定向费用补贴仅有 3 年享受期。而村镇银行的资金主要是投放给农村等经济欠发达地区，农村地区经济发展并不能保证立竿见影，并且伴随着高风险的特点，这些都在一定程度上加大了村镇银行信贷的风险。

近几年为了大力发展小微企业，税务部门也出台相应的减税降费政策。对村镇银行来说，营改增以后税率从营业税的 5% 降到 3%；另外对小微企业、个体工商户、农户发放的贷款享受一定的免征增值税政策，虽然缴纳的增值税有所降低，但下降幅度有限。

3. 经营成本高。村镇银行的经营成本包括运营成本、组建成本。运营成本主要为存款利息支出和业务及管理费。

村镇银行的组建成本包括固定资产的投入、装修消耗等。以安徽地区某一村镇银行的数据为例，该行目前共有 9 个营业网点，其中总行为自行购入，其他网点均为租赁，设立一个支行需投入的固定资产约 75 万元，装修需要 40 万元，另外还有人员工资、租金等。

三、村镇银行的盈利模式转型方向

村镇银行的设立是农村金融改革过程中的产物，也进一步完善了农村金融体系建设。目前，村镇银行的经营仍然是以发放贷款、吸收存款为主，其盈利主要还是存贷款利差。

但只有在确保村镇银行健康可持续发展的前提下，才能谈村镇银行的盈利。那么在这种以利差为核心的盈利模式下，如何有效提高其盈利能力是实现村镇银行盈利模式转型的关键。

（一）坚持市场定位不动摇

为更好地实现可持续发展，更好地发挥村镇银行本身的效用，村镇银行应坚持市场定位不动摇，积极响应国家乡村振兴战略要求，持续下沉服务，持续减少城区大额贷款投放，坚持其支农支小的市场定位，坚守本土化经营立足“三农”、小微，不断引导金融资源向农村地区流动。

（二）提高品牌知名度，夯实农村金融服务

银行是经营货币资金的特殊企业，存款是村镇银行的立行之本，村镇银行之所以吸储难，主要是因为老百姓对它了解不深，没有安全感。所以要想打破吸储难的局面，首先要让村镇银行成为老百姓信任的银行。要加大宣传力度，提高公众认知度。村镇银行应该利用多种媒介向公众宣传设立村镇银行的意义和目的，介绍其相关业务，正面引导公众充分了解并认可村镇银行；村镇银行通俗来说是农村的银行，定位于为“三农”服务，所以要不断加大支农力度，提升服务质量，塑造良好形象，赢取广大群众的信任和支持，提高社会公信力；要以灵活的经营方式和多样性的金融产品提高社会认知度。另外村镇银行应该借力政府、人民银行、银保监会等多方力量对其进行正面宣传，逐步消除公众对村镇银行的疑虑。

（三）因地制宜提供信贷金融服务

村镇银行应该在满足监管要求的前提下，推出更能吸引客户的存款产品，不断提高存款来源，尤其是储蓄存款的占比，优化存款结构，提高资金稳定性。吸纳本地存款用于本地农村金融是村镇银行扩大存贷款规模的动力和政策依据，本土经济的发展是村镇银行实现盈利的发展基础，其中的利润实际来自不断提供符合当地人民需求的金融服务和其他服务，包括金融知识普及、诚信文化创建、基层网点的社区服务功能等。要发挥村镇银行优势，提供扁平化精细化服务，立足整村授信、突出“小”“快”“精”信贷投放模式，改变粗放发放、粗放管理的信贷模式。

（四）提高利率管理水平，合理调整存贷款结构

在贷款利息收入占收入比重较大的前提下，有效建立村镇银行自身的利率管理制度变得尤为重要，首先村镇银行应不断提高利率管理水平，提升利率定价能力，达到监管部门的管理要求；然后应根据村镇银行自身的不同发展阶段和战略定位，制定基于利率定价的产品发展方向和组合策略。以安徽地区某一村镇银行数据为例，2014 年至 2018 年各项贷款、抵（质）押贷款、加权利率水平如图 1 所示。

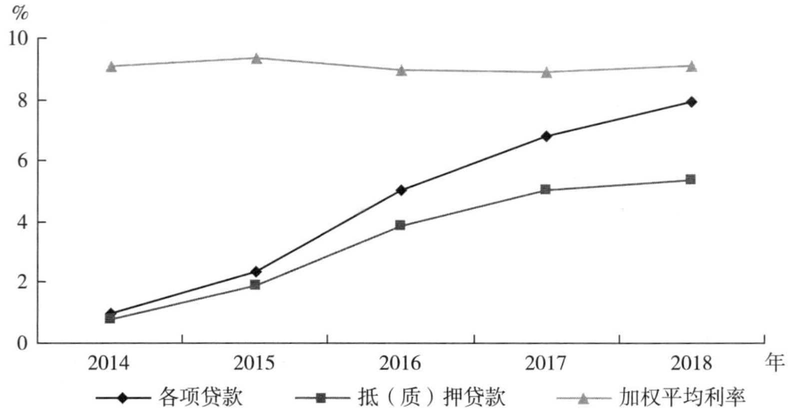

图1　安徽某村镇银行2014—2018年各项贷款、抵（质）押贷款、加权利率水平

该行自2014年成立以来，各项贷款与抵（质）押贷款余额逐年增加，各项贷款增速略高于抵（质）押贷款增速，加权平均利率水平则未呈现明显的线性变化。因为2014年该行成立时由于市场风险水平掌握不足，出于减少风险考虑，抵（质）押贷款投放比例高达78%，加上成立初期吸引客户的需要，整体利率水平不高；2015年抵（质）押贷款占比仍然高达81%，但由于经营策略的改变，整体利率水平有所提高；2016年至2017年该行业务快速上升，同时由于业务发展需要，利率水平显著下降；2018年由于信贷结构调整，减少大额抵（质）押贷款发放，加大小额信用贷款投放，造成利率水平有所上升。

综上所述，村镇银行应适时调整利率产品定价策略，在发展初期综合考虑市场竞争力和风险控制因素，信贷投放以利率较低的抵（质）押贷款为主，在业务管理水平较为成熟后应提高较高利率的小额信用贷款的投放比例，同时紧跟国家政策导向，加大小微企业贷款和涉农贷款的投放力度和利率优惠力度，依据国家财税优惠政策争取相关补贴资金，来对冲利差降低造成的利润损失。

（五）加强人才队伍建设

人才是村镇银行发展的重要基础，建立科学的人才机制是村镇银行持续发展的保障。村镇银行的人才队伍建设应遵循本土化、适用性的原则，同时也要加强人才管理机制。村镇银行是服务当地农民、农业和农村经济的小微银行，人才培养遵循本土化的原则，有助于村镇银行的业务拓展以及品牌知名度的宣传，减少不必要的成本支出，提高利润来源。适用性要求村镇银行在岗位配置上要人尽其才，才尽其用。根据岗位要求配备合适的人才资源，以达到事半功倍的效果。人才选用本土化、适用性还不够，村镇银行的人才管理与国有商业银行不同，其贷款多以小额分散为主，这就在一定程度上需要耗费大量的人力资源，因此发展稳定的人才至关重要。村镇银行应该建立完善的人才培养机制，加强人才队伍建设，满足村镇银行的可持续发展，例如人才激励机制、管理干部培养机制等。人才激励机制可以考虑以奖代罚的形式，包括加薪、奖金、带薪休假等，同时也可以通过团队建设的形式进行人才激励。管理干部培养机制要求村镇银行要不断地培养人才，选拔任用人才，为村镇银行发展做好人才储备。

（六）逐步完善支付服务

村镇银行服务的对象是小微企业和“三农”，在实际使用支付结算渠道时，更希望资金快速到账，这就需要村镇银行去探索出路，在考虑成本的同时结合市场需求，逐步完善支付服务能力建设，在发展客户的同时，也要打造口碑，留住客户。

浅谈中小银行的发展

文/卢　杰*

摘要：改革开放以来，金融行业发展十分迅速。进入21世纪，中小银行如雨后春笋般地大量涌现。在经济飞速增长的今天，中小银行的发展更是金融体系健康发展的重要因素。因此，中小银行的地位不容忽视，中小银行具备多种得天独厚的优势。

关键词：中小银行　发展

一、中小银行的发展优势

首先，中小银行具有地域优势和客户资源优势。中小银行作为地方性银行，与当地的中小企业在地域、传统习惯等方面有着很深的渊源，更容易了解企业在经营、管理方面的真实情况，有助于解决银行与企业之间信息不对称的问题，从而大大降低信贷交易成本。小型商业银行依靠地域优势，在对地方中小企业服务过程中，可以占据更多先机。同样，中小银行优势也可以获得更多的客户资源，中小银行在中小企业关系贷款中有独特优势。国外机构通过银企物理距离对信息传递的影响研究，证明了小型商业银行由于一般比大型银行更接近潜在客户，信息距离的降低可以减少生产借款人信息的成本，因此在开展关系型贷款上更具有优势。其次，中小银行更具体制优势。中小银行一般都是严格按照《公司法》《商业银行法》规定组建的，拥有相对完善的法人治理结构和明晰的产权结构。此外，相对于大型银行，中小银行的内部管理层次比较扁平，这样就大大降低了

* 作者单位：风台通商村镇银行。

分析企业情况的成本，同时也更便于企业的管理，更容易获得关系型贷款。最后，中小银行具有更强的竞争力优势。中小银行一般都是地方性法人机构，具有相对独立的决策权，机制灵活，创新能力强，可以根据市场的变化及时决定新产品、新业务，从而进行相关的开发和运用。同时，加之当地政府也越来越重视中小银行在国民经济发展中的重要作用，加强中小银行的发展，可以有效地降低大型商业银行的垄断，从而促使共同进步，有效地利用各种资源，这样体现出中小银行“短、平、快”的特点。

二、中小银行发展的弊端

（一）内外发展不均衡的问题

银行的发展受到多方面因素的影响，总体而言主要有两部分组成：一是内部发展的问题，二是外部发展的问题。外部发展的问题，主要包括资产总额、机构数目、员工人数、存款总额和贷款总额五个部分。从近几年的统计数据可以看出，中小银行的外部发展迅速，呈逐年增长的趋势。内部发展的问题，主要由内部治理、盈利能力和资产安全三个指标构成，而近几年的数据表明，中小银行的内部发展呈现出国有控股集中度高，银行集中度低；盈利能力发展缓慢；资产安全性整体平稳，但银行个体间差异较大。由此可以看出，外部增长发展迅速，内部发展有所滞缓，这种外部迅速扩张而内部受到抑制的情况，是我国中小银行所面临的重大问题。

（二）受宏观因素影响显著

在我国，不同的中小银行，其资产规模、盈利能力、财务状况等各个要素之间的差距比较大。相对于大型银行，宏观调控对于中小银行的影响比较显著。不同当地政府对银行发展政策的不同，各个银行所在地区经济发展水平的不同，都对中小银行有着不同程度的影响。这些影响使得中小银行发展缓慢。这也是中小银行发展过程中亟待解决的问题之一。

三、中小银行发展的现状

（一）在金融行业中的竞争地位不平等

中小银行的发展相比于国有大型银行的发展，其竞争的地位不够平等。当前，我国现有的一些金融政策对于中小银行的发展还是不利的。比如房改周转金由国家指定专门大型商业银行办理；不良贷款的化解上，大型银行享有国家政策的支持等。这使得本身就处于竞争弱势的中小银行在发展过程中得不到国家的支持和扶持，在金融行业中处于不平等的竞争地位，使其在发展过程中面临更大的挑战。

（二）经营区域过于集中，金融服务覆盖面有待拓宽

地区性限制了中小银行规模的进一步扩大。与国有大型商业银行相比，中小银行的业务辐射面受到严格的区域限制，因此其资产规模小，相比之下抗风险能力更弱，业务发展受到拖累。

（三）资本充足率不足，业务竞争力不强

相对大型商业银行而言，中小银行的盈利模式单一，从产品、业务、范围、服务等方面来分析，中小银行的金融产品仍缺乏特色，银行业务仍显单一，经营范围较为狭窄，金融服务尚未完全贴近中小企业和居民个人，而且作为一个营利性机构，中小银行的中间业务收入低，失衡较为严重，不利于其发展。资本充足率不足是我国中小银行普遍存在的问题，严重削弱了中小银行的业务竞争力。我国中小银行的资金现状与银保监会的规定相差甚远，这是因为中小银行的资金来源主要是地方政府和民间资本，优先的资金补充渠道使得其资本拥有量严重不足，无形中为中小银行业务的开拓和发展增添了障碍。而中小银行的成立时间短，且受到区域限制，营业网点较少，客户数量有限，营业成本分摊困难，在一定程度上削弱了中小银行的市场竞争力和化解风险的能力，致使各项存款大量地流向大型银行。

（四）中小银行发展的外部环境缺失

目前，与大型银行相比，我国中小银行的发展面临相对较多的政策限制，如中小银行网点设置和产品品种设定范围狭窄，无法参与国债买卖、证券投资等业务，难以通过资产剥离或者重组的方式化解不良资产等。同时，中小银行所处的信用环境也不健全，虽然我国已经建立了存款保险制度，但中小银行不能像大型商业银行那样获得国家的信用支撑，这在一定程度上影响了公众对它的信任度。

四、中小银行发展展望

（一）加大金融产品创新力度，优化盈利结构

中小银行应致力于发展创新性业务，优化收入结构，注重金融产品与服务的

差异性和针对性，形成与大型银行的错位竞争和差异发展。要在进行资产与负债创新的同时，积极开拓中间业务，并逐步开展证券代销、代理发行、其他金融衍生类产品等附加值较高的业务，使之成为中小银行新的利润增长点；要完善中小银行经营规则，利用其经营零售业务的优势，积极发展个人消费信贷，并充分运用互联网平台开展网络营销，实现与客户的开放交互式接触，探索互联网与银行相结合的新型小微企业融资模式。

（二）进一步明确市场定位

中小银行应认清形势，在市场细分的基础上明确市场定位，充分利用自身地缘优势，因地制宜，发展贴近地方实际需求的金融服务，在业务范围与区域、目标客户等方面实现与大型银行的优势互补，实施差异化竞争战略。例如股份制银行可以重点发展零售金融、资产管理业务和中小企业服务；城市商业银行可以定位为社区银行，重点服务社区中小企业和社区居民；农村商业银行可以重点服务"三农"和中小企业。总而言之，要想发展好中小银行，就要服务地方、服务中小企业、服务居民，进一步细分市场。

（三）加强行业规范，营造公平的竞争环境

首先，政府及监管部门应从中小银行的发展实际出发，在不良贷款核销、业务准入等方面给予更为公平、合理的政策待遇。其次，应加强相关法律法规约束和行业自律组织的引导，规范商业银行的利率定价和产品定价行为，防止为争夺资金和客户源所导致的过度竞争。最后，应通过立法等形式对信息披露的内容、形式、标准及原则进行明确和规范，加强行业竞争主体的相互监督和自我约束。

（四）加强金融风险管理，建立安全的运营环境

政府及监管部门应密切关注金融风险，守住不发生系统性、区域性金融风险的底线，为中小银行打造安全的运营环境。同时，应注意防范中小银行的运营风险向整个金融体系的蔓延。可以建立中小银行风险基金，每年从中小银行利润中提取一定比例专户存储于中央银行，在必要时对经营困难的中小银行给予支持，增强金融体系整体防范风险的能力；建立中小金融机构的市场退出机制，保证在经济形势出现大波动、部分风险相对集中的中小银行经营失败时也能有序退出市场，保障金融体系的平稳、安全。

统计分析

2021年第三季度非银行支付机构业务发展情况分析

文/高阳宗　罗建华　崔元悦*

摘要：2021年第三季度，协会非银行支付机构类（以下简称支付机构）会员单位共完成支付业务3327.24亿笔，金额124.51万亿元，同比分别增长21.40%、9.72%，笔数增长幅度较金额增长幅度更大。从交易金额看，网络支付业务同比增速最快，银行卡收单业务同比略有下降，预付卡交易同比略有增长。从机构维度看，头部机构的发展呈现差异化，个别头部机构发展同比出现负增长；网络支付和银行卡收单机构发展整体平稳；107家预付卡机构中，有25家机构交易额超过1亿元。

关键词：统计分析　非银行支付机构　业务发展

一、支付业务总体情况

（一）支付业务总体规模持续增长

2021年第三季度，支付机构共完成支付业务（含网络支付、银行卡收单、预付卡交易，以下简称交易总量）3327.24亿笔，金额124.51万亿元，同比分别增长21.40%、9.27%。

网络支付交易金额增长最为显著，银行卡收单业务和预付卡业务交易金额同比保持稳定。网络支付业务金额同比增长11.33%至105.55万亿元，增长最为明显；银行卡收单金额同比下降0.94%至18.95万亿元；预付卡交易同比增长

---

* 作者单位：中国支付清算协会。

0.10%至142.44亿元，基本保持稳定。各类支付业务份额相对稳定。从交易金额在交易总金额的占比来看，网络支付业务占比84.77%，同比增加6.26个百分点，银行卡收单业务份额为15.22%，预付卡交易份额仅为万分之一。

表1　　2021年第三季度支付机构支付业务整体情况

业务种类	笔数			金额		
	亿笔	同比增长（%）	占比（%）	亿元	同比增长（%）	占比（%）
网络支付	3039.05	22.06	91.34	1055456.42	11.33	84.77
银行卡收单	269.48	17.83	8.10	189452.83	-0.94	15.22
预付卡交易	18.71	-16.12	0.56	142.44	0.10	0.01
合计	3327.24	21.40	100.00	1245051.69	9.27	100.00

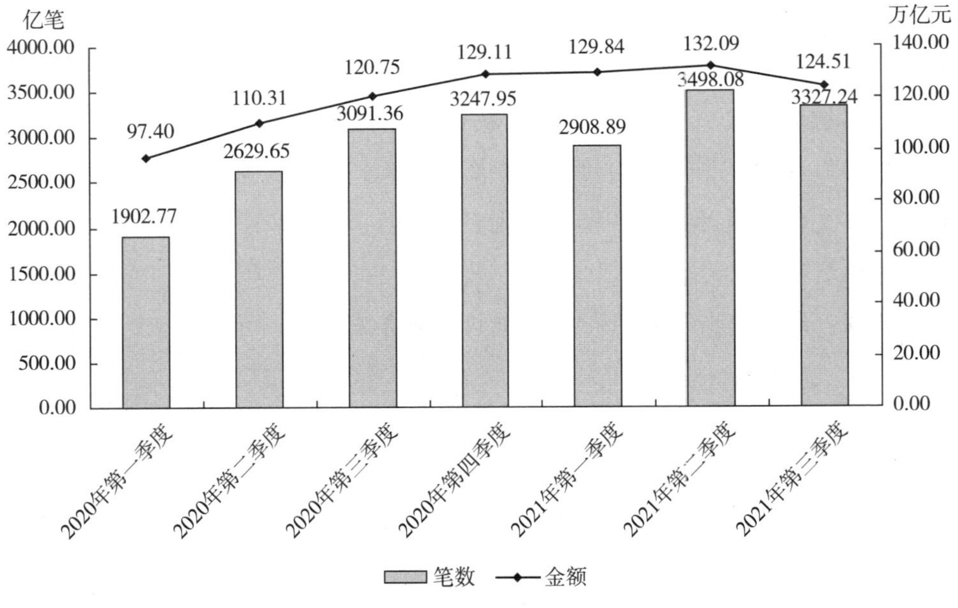

图1　2020年第一季度至2021年第三季度支付机构交易总量

（二）2021年第三季度支付业务笔均交易金额为374.20元，同比下降4.20%

其中，网络支付笔均交易金额同比下降8.79%至347.30元，特别是移动电话支付的小额、便民场景化应用范围更加广泛，支付机构在普惠、便民领域渗透不断深化。银行卡收单和预付卡交易笔均金额同比上升，分别为703.03元和7.61元，同比分别上升57.07%和19.35%。

表 2　　2021 年第三季度支付机构各业务笔均交易额

业务种类	2021 年第三季度		2020 年第三季度
	笔均交易额（元）	同比（%）	笔均交易额（元）
网络支付	347.30	-8.79	380.79
银行卡收单	703.03	57.07	447.60
预付卡交易	7.61	19.35	6.38
合计	374.20	-4.20	390.60

（三）市场集中度高位稳定，业务笔数和金额均占交易总量的九成以上

2021 年第三季度，在 203 家支付机构中，支付业务金额排名前十位的机构共完成支付业务 3117.14 亿笔，金额 112.83 万亿元，同比分别增长 19.25%、9.76%；排名前十的机构业务笔数和金额分别占交易总量的 93.69%、90.62%。

二、网络支付业务

2021 年第三季度，支付机构共完成网络支付业务 3039.05 亿笔，金额 105.55 万亿元，同比分别增长 22.06%、11.33%；分别占交易总量的 91.34%、84.77%。移动电话支付作为网络支付的主要部分，在网络支付中的金额占比 86.44%，固定电话支付的市场主要参与者仅剩 2 家机构，仅剩 1 家开展数字电视支付业务。

表 3　　2021 年第三季度网络支付业务情况

网络支付业务	笔数			金额		
	亿笔	同比增长（%）	占比（%）	亿元	同比增长（%）	占比（%）
互联网支付	357.39	38.61	11.76	143138.94	5.89	13.56
移动电话支付	2681.66	20.15	88.24	912317.48	12.23	86.44
固定电话支付	0.00	-52.29	0.00	0.00	-17.97	0.00
数字电视支付	0.00	100.00	0.00	0.00	-44.23	0.00
合计	3039.05	22.06	100.00	1055456.42	11.33	100.00

（一）互联网支付业务量同比增长

2021 年第三季度，支付机构共处理互联网支付业务 357.39 亿笔，金额 14.31 万亿元，同比分别增长 38.61%、5.84%。互联网支付笔数和金额占网络支付业

务的比重分别为 11.76%、13.56%，同比分别增长 38.61%、5.86%。

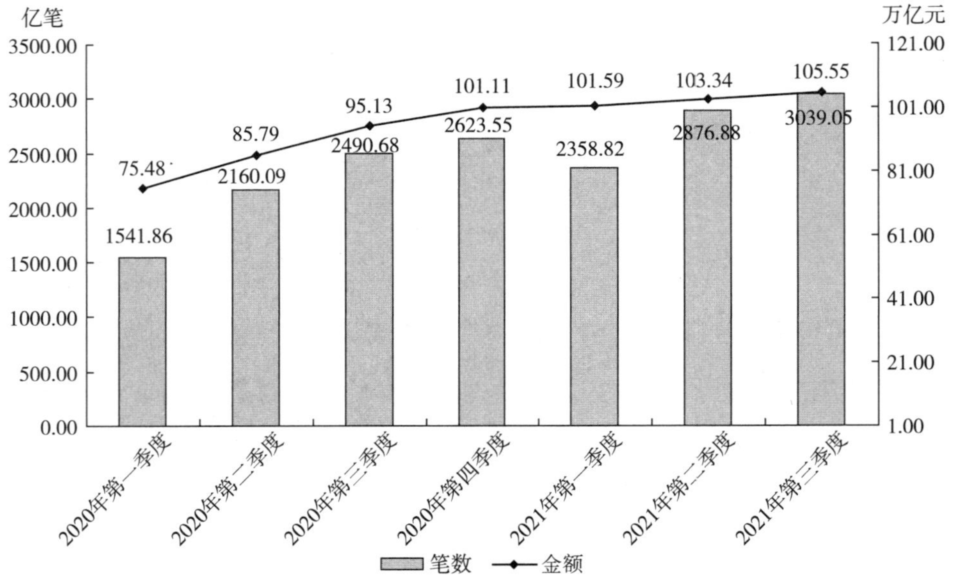

图 2　2020 年第一季度至 2021 年第三季度网络支付业务量

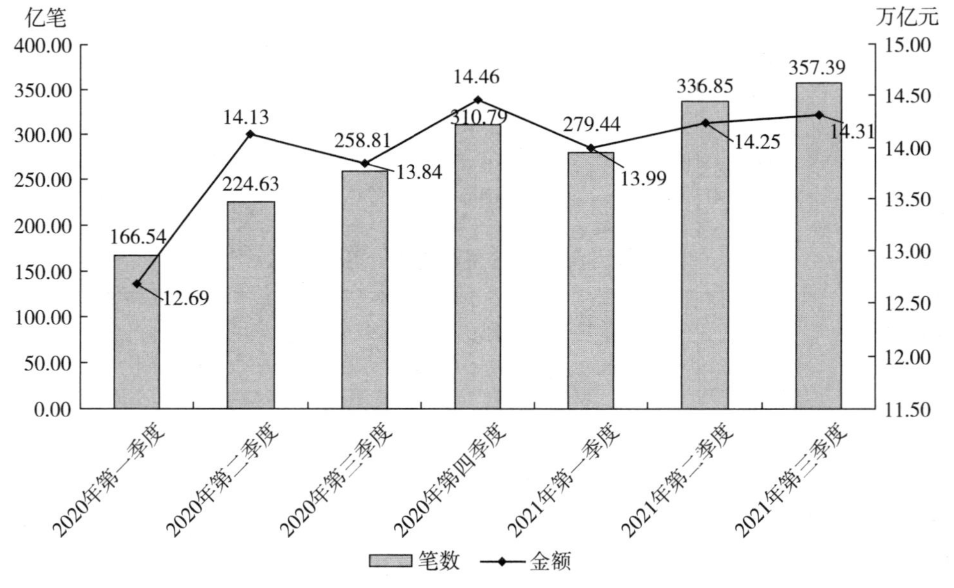

图 3　2020 年第一季度至 2021 年第三季度互联网支付业务量

互联网支付业务金额排名前十位的支付机构第三季度共完成互联网支付业务 309.83 亿笔，金额 11.28 万亿元，同比分别增长 32.05%、减少 0.79%。排名前十的机构业务笔数、金额占比分别为 86.69%、78.81%，市场集中度低于网络支付总水平。

（二）移动电话支付继续领涨网络支付，业务量同比保持增长，在网络支付市场的份额基本稳定，占比接近九成

2021 年第三季度，支付机构共处理移动电话支付业务 2681. 66 亿笔，金额 91. 23 万亿元，同比分别增长 20. 15%、12. 24%。移动电话支付业务占网络支付总量的 88. 24%、86. 44%。

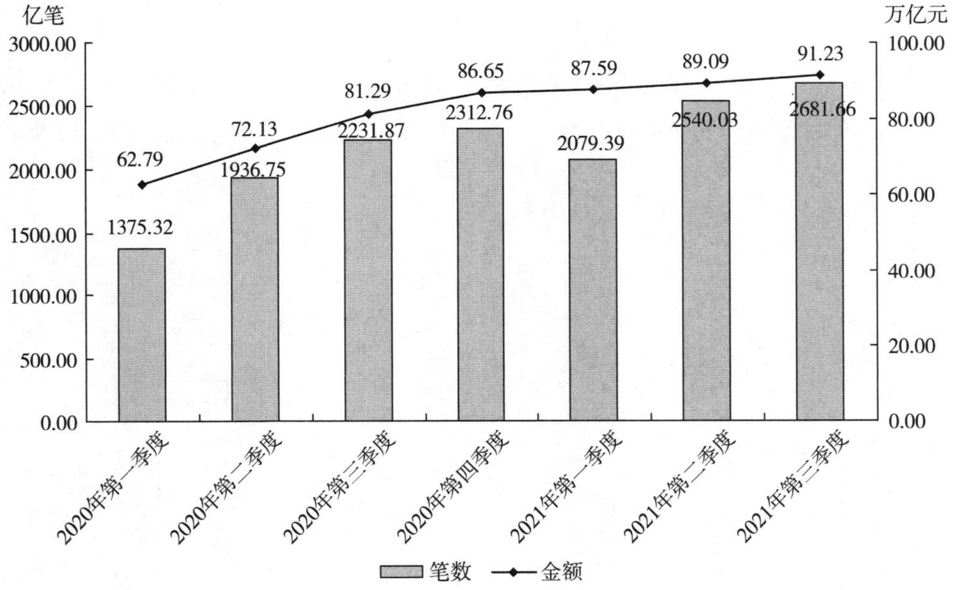

图 4　2020 年第一季度至 2021 年第三季度移动电话支付业务量

移动电话支付业务金额排名前十位的支付机构共完成移动电话支付业务 2652. 34 亿笔，金额 90. 96 万亿元，同比分别增长 20. 23%、12. 28%；笔数、金额占比分别为 98. 91% 和 99. 71%，市场集中度在所有业务类型中最高。

（三）固定电话支付业务的主要市场参与机构仅剩两家，第三季度仅有 1 家机构存在数字电视支付业务

固定电话支付业务和数字电视支付业务占网络支付业务总量的比重均不足 1%。2021 年第三季度，支付机构共处理固定电话支付业务 1. 25 万笔，金额 839. 95 万元，同比分别下降 52. 29%、17. 97%。

（四）支付机构在用支付账户总量保持增长，新开立支付账户增速较快

截至 2021 年第三季度末，支付机构在用支付账户（含非实名）数量共计

53.89 亿个，同比增长 7.09%；2021 年第三季度支付机构新开立支付账户 2.65 亿个，同比增长 52.30%。

支付账户数量排名前十位的机构共拥有在用支付账户 50.30 亿个，同比增长 7.99%，占比 93.35%；2021 年第三季度新开立支付账户 2.54 亿个，同比增长 60.75%，占比 95.92%。

三、银行卡收单业务

2021 年第三季度银行卡收单业务总体增长。2021 年第三季度，支付机构共完成银行卡收单业务 269.48 亿笔，金额 18.95 万亿元，同比分别增长 17.83%、下降 0.94%。

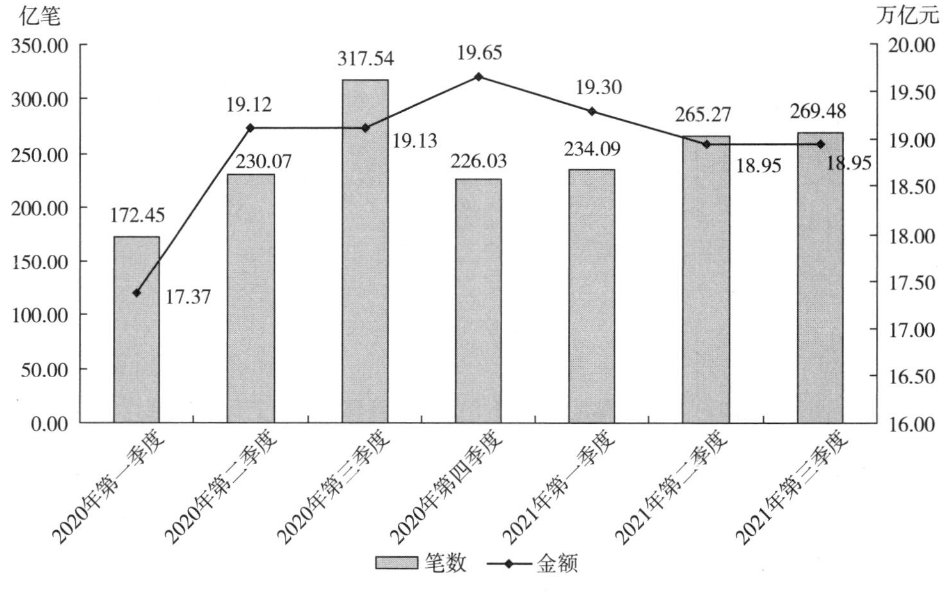

图 5　2020 年第一季度至 2021 年第三季度银行卡收单业务量

排名前十位的支付机构共完成银行卡收单业务 235.62 亿笔，金额 13.54 万亿元，同比分别增长 11.25%、1.12%；分别占银行卡收单总量的 87.44%、71.44%。

四、预付卡业务

2021 年第三季度，从事预付卡业务的机构数量为 107 家。其中，有 14 家经营公交一卡通的预付卡机构。预付卡业务总体规模较小，交易金额在支付机构交易总金额中仅占万分之一。

2021 年第三季度共发行预付卡 0.25 亿张，金额 169.24 亿元，同比分别下降 1.54%、增长 0.88%。发行金额排名前十位的机构中，有 8 家商业预付卡类机构，2 家公交预付卡类机构，共发行预付卡 1977.21 万张，金额 119.43 亿元，同比分别增长 8.45%、1.96%；分别占预付卡总量的 78.17%、70.57%。

第三季度预付卡发行金额前十位的机构中，金额占比较为平均，预付卡市场集中度相对较低。因所在地区、公司策略等因素影响，各机构发卡数量出现差异化。总体来看，因疫情控制较好，绝大部分预付卡公司业务量在 2021 年第三季度恢复至正常水平。个别公交类预付卡机构因区域疫情或管控政策影响，业务量和新增发卡业务量同比出现较大降幅。

预付卡交易金额同比稳定，交易笔数同比下降。2021 年第三季度，支付机构共发生预付卡交易 18.71 亿笔，金额 142.44 亿元，同比分别减少 16.12%、增长 0.10%。交易金额排名前十位的机构共发生预付卡交易 11.39 亿笔，金额 97.22 亿元，分别占预付卡交易总量的 60.88%、68.25%。107 家机构中，有 25 家机构交易额超过 1 亿元，另有 26 家机构交易额低于 10 万元。

五、跨境支付业务

2021 年第三季度，开展跨境业务的支付机构有 41 家，比第二季度减少 1 家，共处理跨境支付业务 18.17 亿笔，金额 2571.96 亿元。

跨境人民币支付业务的体量高于跨境外汇支付。2021 年第三季度，有 38 家机构开展跨境人民币业务，19 家开展跨境外汇业务，跨境人民币支付业务金额为跨境外汇支付业务金额的 3.37 倍，占跨境支付交易总金额的 77.10%。

跨境支付业务市场集中度高，头部机构的市场占有率阶梯化明显。跨境支付业务金额排名前十位的支付机构完成交易 17.91 亿笔，金额 2353.08 亿元，分别占跨境支付业务总量的 98.61% 和 91.49%。头部机构金额在跨境支付业务总量中占比 91.49%，市场集中度高。

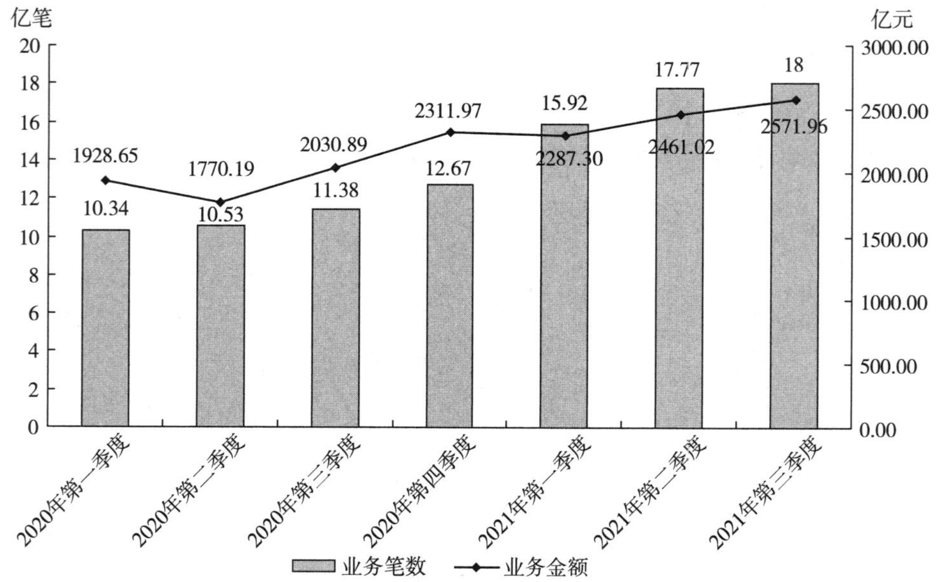

图 6　2020 年第一季度至 2021 年第三季度跨境支付业务量

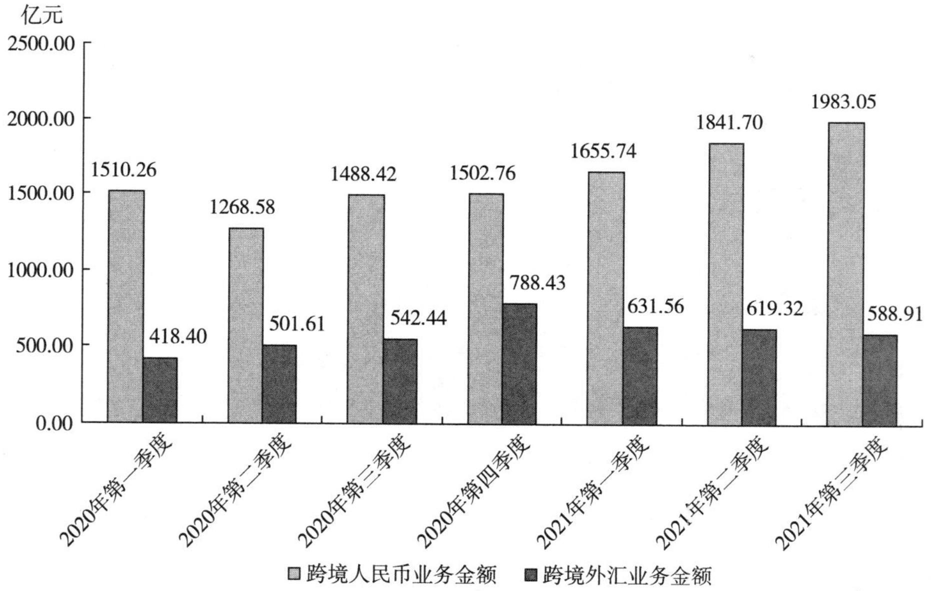

图 7　2020 年第一季度至 2021 年第三季度跨境支付业务量

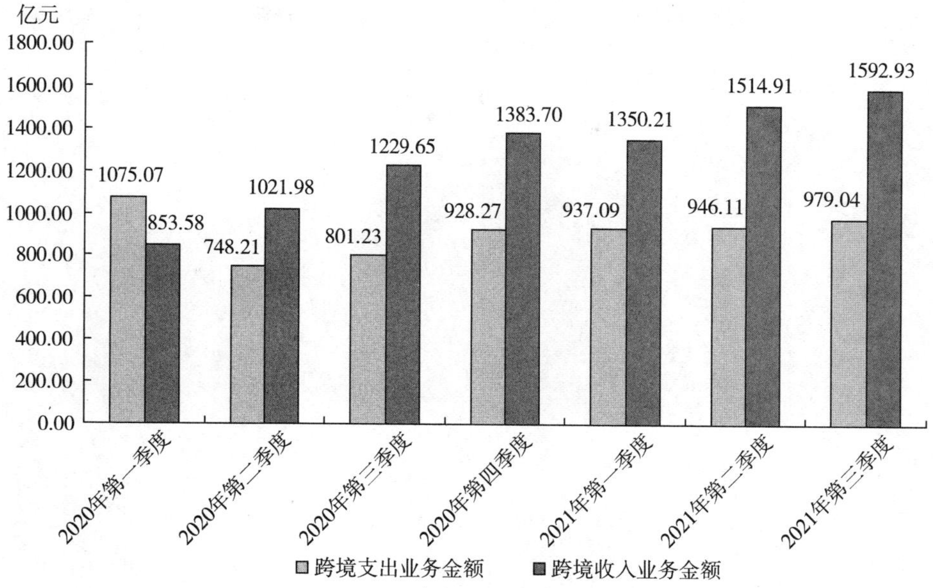

图 8　2020 年第一季度至 2021 年第三季度跨境支出和收入业务金额

六、小结

（一）不同业务类型市场分化情况差异明显，机构业务集中情况与业务类型整体份额相关

互联网支付业务集中度高。移动电话支付业务市场集中趋势显著。银行卡收单业务和跨境支付业务市场占有率呈现阶梯化。预付卡业务体量总体较小，市场分布较为平均。

（二）支付机构优胜劣汰，有利于支付市场可持续发展

2021 年 12 月 22 日，人民银行公布“支付业务许可证”续展情况，其中，40 家机构成功续展，河北一卡通、厦门易通卡、上海便利通、锦江国际和上海申城通 5 家机构不予续展，此外还有 6 家机构被中止续展审查。长远来看，部分机构联合互联网等新兴业态，发展自身体量，部分机构退出支付市场，有利于支付产业的良性健康发展。

政策传递

中国人民银行关于做好小微企业银行账户优化服务和风险防控工作的指导意见

中国人民银行上海总部，各分行、营业管理部，各省会（首府）城市中心支行，各副省级城市中心支行；清算总中心；国家开发银行，各政策性银行、国有商业银行，中国邮政储蓄银行，各股份制商业银行；中国银联：

为进一步贯彻落实党中央、国务院关于深化“放管服”改革的决策部署，优化营商环境，推进电信网络诈骗和跨境赌博资金链治理，统筹做好优化小微企业银行账户服务和风险防控工作，提升银行账户管理质效，切实解决小微企业开户难问题，现提出如下意见。

一、优化银行账户开户流程

（一）采取差异化的客户尽职调查方式。银行业金融机构（以下简称银行）应当在“了解你的客户”基础上，遵循“风险为本”原则确定对小微企业（含个体工商户，下同）客户尽职调查的具体方式，不得“一刀切”要求客户提供辅助证明材料，不得向客户提出不合理或超出必要限度的身份核实要求。

（二）推行小微企业简易开户服务。银行应当按规定审核小微企业开户证明文件，对开户用途合理且无明显理由怀疑开立账户从事违法犯罪活动的，应予以开户。根据小微企业需求可以提供简易开户服务，简化辅助证明材料要求，加强后台数据核实，账户功能设置应当与客户身份核实程度、账户风险等级相匹配。后续可根据客户尽职调查情况，升级账户功能。鼓励银行于2021年底前参照《小微企业银行账户简易开户服务业务指引》（附件1），在前期试点基础上完成全面推行简易开户服务。

（三）利用科技手段提升企业银行账户服务水平。鼓励银行开通小微企业开户预约服务电子渠道。支持小微企业在线提交开户证明文件，最大程度精减纸质材料、减少填表及签章次数。积极推动电子营业执照和电子签章在银行账户开立等环节的应用。鼓励在有效识别客户身份前提下支持线上办理小微企业银行账户变更和撤销业务。

（四）推动银行开户与企业开办联动合作。鼓励银行加快与企业开办“一网通办”平台对接，为小微企业提供预约开户服务。各银行应于 2021 年底前完成支持北京地区和上海地区分支机构实现与当地“一网通办”平台对接。鼓励有条件的地区和银行与市场监管部门开展政银合作创新服务。

二、提升银行开户服务透明度

（五）公开开户服务事项。银行应当落实《优化营商环境条例》关于向社会公开开设企业账户的服务标准、资费标准和办理时限的规定，区分账户开户费用和其他服务费用，落实小微企业账户服务费减免规定。鼓励银行事前充分告知企业开户所需材料、开户流程、账户风险管理以及法律责任等，账户开立成功时明确告知企业开户时间和开户费用。

（六）公开开户服务负面清单。鼓励银行深入梳理并排查与小微企业客户身份识别无关或与评估账户潜在风险不相称、不合理的业务办理流程和服务行为，参照《小微企业银行账户开立服务规范负面清单指引》（附件 2），向社会公示本银行账户服务负面清单，接受社会监督。

（七）公开账户服务监督电话。鼓励银行在网点醒目位置公示本网点、上级管理行和当地人民银行分支机构三级咨询投诉电话。明确账户服务投诉处理流程、责任部门和处理期限。鼓励配备具有专业知识的业务人员负责账户业务咨询，加强业务培训，统一答复口径。

（八）跟踪管理开户服务全流程。银行应当跟踪小微企业开户全流程进度，以适当方式及时向企业发送开户进度提示信息、提供开户进度查询服务。探索建立异常开户复核制度，对延长开户审查期限、强化客户尽职调查或拒绝开户等予以复核，并向客户说明理由。

三、加强银行账户风险防控能力

（九）强化账户全生命周期管理。银行应当建立健全小微企业银行账户事前事中事后全生命周期管理机制。事前利用有效数据交叉核实客户身份，由客户承诺合法合规使用账户；事中加强涉诈涉赌交易识别管控；事后加强对存量账户的排查清理和对涉诈涉赌账户的责任倒查。

（十）建立账户分类分级管理体系。银行应当在2021年底前建立小微企业银行账户分类分级管理体系，根据行业特征、企业规模和经营情况等，提供与客户身份核实程度、账户风险等级相匹配的账户功能，审慎与客户约定非柜面业务，并合理设置非柜面渠道资金转出限额、交易笔数、验证方式等，可根据客户正常合理需求或临时需求、账户风险情况等进行动态调整。

（十一）识别并管控涉诈涉赌账户。银行应当结合涉诈涉赌账户特征持续完善风险监测模型，将开立和交易存在异常情况的账户纳入重点监测范围。对监测发现并经核查无法排除的涉诈涉赌可疑账户，依法依规、区分情形及时采取适当控制措施，并移送当地公安机关。

（十二）持续开展涉案账户核查。支持银行对公安机关移送的涉案账户开展倒查，关联排查涉案企业及其相关人员开立的其他银行账户，对可疑账户采取适当控制措施。鼓励建立涉案账户定期分析制度，查找风险防控漏洞并完善风险防控体系。

四、建立银行账户管理长效机制

（十三）完善企业银行账户质效考核机制。银行应当持续健全以账户服务质量和风险防控为导向，兼顾小微企业开户数量合理增长的业绩考核指标体系。原则上银行小微企业新开户全年增幅不低于其展业范围内同期新注册市场主体增幅。银行以适当方式主动公开小微企业开户情况。

（十四）明确涉案账户责任划分。支持银行厘清小微企业涉案账户事前事中事后风险防控责任，建立内部全链条责任追究制度，分清各环节、各部门、总行与分支机构风险防控责任，不能简单将全链条风险责任全部压在银行网点和柜面开户环节。

（十五）建立银行账户质量管理机制。人民银行分支机构、银行探索建立常态化监督检查、服务暗访、服务质效统计监测、咨询投诉处理等小微企业账户管理质量保障机制。探索开展开户时间、开户费用、账户增长率、开户服务满意率、账户涉案率等监测分析。

（十六）加强宣传。人民银行分支机构、银行应当对企业财务人员等重点人群、买卖账户高发人群、小微企业等开户难投诉群体，分类重点宣传依法开立和安全使用账户、优化账户服务措施和风险防控政策。

五、工作要求

（十七）统一思想认识。人民银行分支机构、银行应当将优化小微企业银行账户服务作为落实党中央、国务院关于深化“放管服”改革的决策部署，服务实体经济、优化营商环境的重要举措，有效解决小微企业开户难点和堵点。2021年底前完成相关制度设计、系统改造、流程再造，保障各项工作措施落到实处。

（十八）加强部门沟通协作。人民银行分支机构、银行应当加强与当地市场监管部门、公安机关等的沟通协作，根据商事制度改革和涉案账户特征及时调整银行账户服务要求和风险防控策略，最大程度减少因风险防控对正常银行账户服务产生的不利影响。

执行过程中如遇重大问题，请及时报告人民银行。

附件：1. 小微企业银行账户简易开户服务业务指引

2. 小微企业银行账户开立服务规范负面清单指引

中国人民银行

2021 年 10 月 9 日

附件 1

小微企业银行账户简易开户服务业务指引

第一章　总　则

第一条　为优化银行账户服务，建立健全账户分类分级管理体系，有效解决小微企业开户难问题，根据《中华人民共和国反洗钱法》、《人民币银行结算账户管理办法》（中国人民银行令〔2003〕第 5 号发布）、《企业银行结算账户管理办法》（银发〔2019〕41 号文印发）等规定，制定本指引。

第二条　银行业金融机构（以下简称银行）为小微企业（含个体工商户，下同）提供简易开户服务适用本指引。

本指引所称简易开户服务是指银行根据《人民币银行结算账户管理办法》等规定审核小微企业开户证明文件后，简化辅助证明材料要求，开立账户功能与客户身份核实程度、账户风险等级相匹配的银行基本存款账户，满足客户开户需求。

第三条　银行提供简易开户服务应当遵循“风险为本”原则，履行反洗钱、反恐怖融资、反逃税义务，落实账户实名制，按照客户身份核实程度、账户风险等级合理设置账户功能，建立事前承诺、事中监测和事后管理机制，有效识别、评估监测和控制账户业务风险。开户环节发现有明显可疑特征的，不适用简易开户服务。

第四条　银行应当建立健全账户分类分级管理体系，重点通过限制非柜面业务加强账户事中事后风险防控，结合小微企业行业特征、企业规模和经营情况等综合确定账户功能。

第五条　银行应当向客户充分宣讲简易开户政策，明确告知客户根据其当前提供的有关情况开立账户，账户功能与当前客户身份核实程度、账户风险等级匹配，由客户自主选择是否接受简易开户服务，后续可根据客户尽职调查情况，升级账户功能。银行应当向客户说明后续需配合尽职调查，以及需要补充提供的材料。

第二章　简易开户服务程序

第六条　银行应当公示简易开户服务流程，明确简易开户所需材料、客户身份核实程序以及制度依据等，确保小微企业法定代表人或负责人等了解简易开户程序及相关制度规定。

第七条　银行提供简易开户服务，需向客户宣讲依法使用银行账户的法律法规和相关制度，在开户申请书或协议的醒目位置告知出租、出借、出售银行账户的法律责任和惩戒措施，由小微企业法定代表人、负责人或授权代理人对合法开立和使用银行账户进行承诺并在开户申请书或协议上签字（签章）确认。

第八条　银行提供简易开户服务，应当采取有助于核实客户身份的方法，依据客户提交的必需证明文件，以及愿意提供的其他辅助证明材料，了解客户经营情况、开户用途、资金支付需求。客户暂时无法提供相关辅助证明材料的，不得强制要求客户提供。

第九条　银行应当依据所收集的客户信息，以及客户身份核实程度，结合客户经营情况、开户用途等与客户约定账户功能，审慎开通非柜面支付、单位结算卡等业务并设定交易限额，确保账户功能与客户身份核实程度、账户风险等级相匹配。

第十条　银行应当科学、审慎判断客户异常开户情形，建立拒绝开户复核机制，确保拒绝开户理由合理充分，并向客户做好解释说明。

第十一条　银行应当对简易账户进行识别管理，建立跟踪服务机制，根据客户需求补充完成客户身份核实后可视情况升级账户功能，确保银行账户服务满足客户正常经营的支付需求。

第三章　内控与管理

第十二条　银行应当制定简易开户服务制度，包括但不限于开户材料、开户审核、账户功能设置及升级等，并报当地人民银行分支机构备案。银行对下级机构制度执行情况进行监督管理。

第十三条　银行应将开立和交易异常的简易账户列入重点监测范围，监测相关简易账户资金交易是否存在与电信网络诈骗、跨境赌博等违法犯罪活动有关的可疑情形，对监测发现并经核查无法排除的涉诈涉赌可疑账户，依法依规、区分情形及时采取适当控制措施，并移送当地公安机关。

第十四条 银行应当建立简易开户咨询投诉机制，加强对客户经理、柜员和客服等人员的培训，提高客户对账户服务的满意度。

第十五条 银行应当建立本银行简易开户服务监督机制，通过梳理管理制度和业务流程、分析客户投诉典型案例、查看业务系统、电话暗访、现场走访、调阅开户材料等方式，督促下级机构特别是基层网点规范办理简易开户服务业务。

第四章 附 则

第十六条 本指引所称非柜面支付是指客户无需临柜即可办理的账户付款业务，包括但不限于通过网上银行、手机银行、网关支付、快捷支付、销售终端（POS）、自助柜员机（ATM）等渠道发起的账户付款业务。

第十七条 本指引所称小微企业可按照《中小企业划型标准规定》认定。

第十八条 银行为小微企业以外的其他企业提供简易开户服务可参照本指引执行。

附件2

小微企业银行账户开立服务规范负面清单指引

在为小微企业（含个体工商户，下同）提供银行账户服务过程中，银行应当始终遵循“风险为本”原则，综合评估账户风险，采取与账户风险等级相适应的风险防控措施，做到该坚持的风险防控原则要坚持，该满足的正当合理账户服务需求要满足。鼓励银行参照本指引制定本银行账户开立服务规范负面清单，并接受社会监督。

一、不得要求小微企业提供与大中型企业相同的详细、完备的经营情况材料。

二、不得仅以注册地址为集中登记地、以自有或租赁房屋作为经营地址等理由拒绝小微企业开户。

三、不得仅以办公场所较为简单、没有企业门牌、雇佣人员较少等理由拒绝小微企业开户。

四、不得将是否实际开展经营活动作为初创小微企业开立基本账户的条件。

五、不得仅以小微企业法定代表人或负责人户籍所在地为异地等理由拒绝开户。

六、不得要求小微企业存入大额存款、达到一定经营规模或绑定销售相关产品及服务等作为开户附加条件。

七、不得出于成本收益等考虑拒绝小微企业开户。

八、不得以账户开立成功后待激活、预留印鉴启用等方式影响账户即开即用。

中国人民银行关于加强支付受理终端及相关业务管理的通知

银发〔2021〕259号

中国人民银行上海总部，各分行、营业管理部，各省会（首府）城市中心支行，各副省级城市中心支行；各国有商业银行，中国邮政储蓄银行，各股份制商业银行；各非银行支付机构；中国银联股份有限公司、中国支付清算协会、网联清算有限公司、连通（杭州）技术服务有限公司：

为加强支付受理终端及相关业务管理，维护支付市场秩序，保护消费者合法权益，现就有关事项通知如下：

一、支付受理终端业务管理

（一）银行卡受理终端及相关业务。

1. 银行卡受理终端生产与登记管理。1台银行卡受理终端只能对应1个受理终端序列号。清算机构、收单机构应当按照《中国人民银行关于强化银行卡受理终端安全管理的通知》（银发〔2017〕21号）规定，对银行卡受理终端采取密码识别技术等有效手段，确保银行卡受理终端序列号不被篡改。

清算机构应当建立健全银行卡受理终端注册管理平台（以下简称管理平台），要求银行卡受理终端合作生产厂商（以下简称合作生产厂商）向管理平台报送银行卡受理终端序列号及序列号密钥、对应的银行业金融机构（以下简称银行）和非银行支付机构（以下简称支付机构）等收单机构名称。

清算机构应当建立合作生产厂商评估管理机制。对于未按要求生产银行卡受理终端、报送银行卡受理终端序列号登记信息，或存在参与违法违规活动等情形的合作生产厂商，清算机构应当采取要求其限期整改、降低评估等级直至停止合作等措施。

清算机构可以自行或委托其他机构建立管理平台、评估管理合作生产厂商。

2. 银行卡受理终端入网管理。1 台银行卡受理终端只能对应 1 个特约商户。收单机构应当建立银行卡受理终端序列号与下述 5 要素信息的关联对应关系，在办理银行卡受理终端入网时将相关信息报送至清算机构，并确保该关联对应关系在支付全流程中的一致性和不可篡改性：

（1）收单机构代码；

（2）特约商户（含小微商户，即依据法律法规和相关监管规定免于办理工商注册登记的实体特约商户，下同）编码；

（3）特约商户统一社会信用代码（小微商户为其主要负责人有效身份证件号码，下同）；

（4）特约商户收单结算账户；

（5）银行卡受理终端布放地理位置。

清算机构应当及时核验收单机构报送的银行卡受理终端入网信息和合作生产厂商报送的银行卡受理终端登记信息，核验不一致的不得入网。

原则上银行卡受理终端应当具备定位功能。对于不具备定位功能的银行卡受理终端，收单机构应当确保其被用于特约商户固定经营场所和合法合规用途。

3. 银行卡受理终端退出管理。因收单机构与特约商户收单服务协议终止，或特约商户申请停用银行卡受理终端的，收单机构应当及时关闭银行卡受理终端业务功能，并收回银行卡受理终端。对确实无法收回的，应当确保银行卡受理终端业务功能持续处于关闭状态。

收单机构应当在关闭银行卡受理终端业务功能后 2 日内，将银行卡受理终端注销信息报送至清算机构。清算机构应当自收到银行卡受理终端注销信息之日起，停止为该银行卡受理终端发起的业务提供转接清算服务，直至该银行卡受理终端按规定重新入网。

4. 存量银行卡受理终端改造或更换管理。对于本通知发布前已办理入网，但不符合本通知规定的银行卡受理终端，收单机构应当按照清算机构规则限期进行改造或更换。

清算机构应当按照审慎原则制定本机构入网银行卡受理终端改造或更换规

则，要求收单机构限期完成对相关银行卡受理终端的改造或更换；逾期未完成的，应当暂停为相关银行卡受理终端发起的业务提供转接清算服务。

（二）条码支付受理终端及相关业务。

1. 条码支付受理终端管理。对于具备采集多项支付信息和参与发起支付指令等功能的条码支付受理终端，清算机构、收单机构应当参照银行卡受理终端相关规定建立健全管理规则，并对不符合规则的存量条码支付受理终端限期进行改造或更换。收单机构应当按照本通知相关规定建立并报送条码支付受理终端序列号与相应 5 要素信息的关联对应关系，并确保该关联对应关系在支付全流程中的一致性和不可篡改性。

原则上条码支付受理终端应当具备定位功能。对于不具备定位功能的条码支付受理终端，收单机构应当确保其被用于特约商户固定经营场所和合法合规用途。

2. 条码支付辅助受理终端管理。对于仅具备条码读取或展示功能、不参与发起支付指令的条码支付扫码设备、显码设备和静态条码展示介质等条码支付辅助受理终端，收单机构应当建立特约商户编码与下述 4 要素信息的关联对应关系，并确保该关联对应关系在支付全流程中的一致性和不可篡改性：

（1）收单机构代码；

（2）特约商户统一社会信用代码；

（3）特约商户收单结算账户；

（4）条码支付辅助受理终端布放地理位置。

3. 收款条码管理。对于为个人或特约商户等收款人生成的，用于付款人识读并发起支付指令的收款条码，银行、支付机构、清算机构等为收款人提供收款条码相关支付服务的机构（以下统称条码支付收款服务机构）应当制定收款条码分类管理制度，有效区分个人和特约商户使用收款条码的场景和用途，防范收款条码被出租、出借、出售或用于违法违规活动。对于具有明显经营活动特征的个人，条码支付收款服务机构应当为其提供特约商户收款条码，并参照执行特约商户有关管理规定，不得通过个人收款条码为其提供经营活动相关收款服务。

条码支付收款服务机构应当采取有效措施禁止个人静态收款条码被用于远程非面对面收款。确有必要进行远程非面对面收款的，条码支付收款服务机构应当对相应收款人实行白名单管理，并审慎确定白名单准入条件与规模、个人静态收款条码的有效期、使用次数和交易限额。对于通过截屏、下载等方式保存的个人动态收款条码，应当参照执行个人静态收款条码有关规定。

（三）创新支付受理终端等相关业务。收单机构、清算机构采用创新支付受理终端的，应当按照《中国人民银行关于规范支付创新业务的通知》（银发〔2017〕281 号）规定，至少提前 30 日向中国人民银行或其分支机构报告。

鼓励收单机构为特约商户提供支持银行卡支付、条码支付等多种支付方式的支付受理终端。收单机构不得引导特约商户拒绝受理任何合法的支付方式。

二、特约商户管理

（一）信息核实。收单机构应当在初始拓展特约商户，以及与特约商户业务存续期间，采取有效方式核实特约商户身份信息。对于有固定经营场所的实体特约商户，应当通过现场面对面方式核实。对于无固定经营场所的实体特约商户和网络特约商户，原则上应当通过人工或智能客服同步视频等方式核实。对于通过电子商务平台开展经营活动的网络特约商户，收单机构在确保履行收单业务管理主体责任的前提下，可以由电子商务平台辅助核实特约商户身份信息。

信息核实过程中，收单机构应当以显著方式向特约商户法定代表人、负责人或其被授权人提示出租、出借、出售支付受理终端（含条码支付辅助受理终端，下同）、收款条码、网络支付接口和收单结算账户的风险及责任。特约商户收单结算账户设置为非同名账户的，收单机构应当对特约商户与非同名账户开户人是否存在同一品牌连锁经营、集团化管理等合法资金管理关系进行审核，并对非同名账户的开户人进行身份识别和意愿核实。

收单机构应当自本通知发布之日起 1 年内完成全部存量特约商户身份信息核实工作，形成工作报告备查。

（二）信息平台。清算机构应当建立健全本机构入网特约商户信息平台，对收单机构与入网特约商户、支付受理终端的关联关系和收单交易风险进行必要监测。信息平台应当遵循最小必要原则采集收单机构代码、特约商户名称、特约商户统一社会信用代码、特约商户编码、支付受理终端类型及序列号、业务类型、收单结算账户、特约商户经营地址、支付受理终端（网络支付接口）的布放地理位置、联系方式等特约商户核心入网信息。收单机构应当于特约商户入网、变更、终止服务后2日内向清算机构报送上述信息。

（三）变更管理。特约商户申请变更收单结算账户、支付受理终端布放地理位置等信息的，收单机构应当在办理变更前重新核实特约商户身份信息。

清算机构应当对特约商户入网信息变更情况进行监测，发现同一特约商户频繁变更核心入网信息、经不同收单机构报送信息不一致、被收单机构多次清退或与其他特约商户经营地址和联系方式相同等可疑情形的，应当要求相关收单机构进行风险排查，并反馈排查结果。对于未按期反馈排查结果的收单机构，清算机构应当采取限期整改、延迟业务清算、降低业务额度、暂停交易等必要风险防范措施。

三、收单业务监测

（一）交易信息管理。银行、支付机构、清算机构应当建立交易信息分类分级管理规则，按照依法、审慎、必要和诚信原则处理客户交易信息，采取必要安全技术措施确保交易信息安全，防止交易信息泄露、被篡改或丢失。

清算机构应当按照规定完善跨机构支付业务报文规则，支持本机构成员机构向客户提供合理必要的交易信息查询服务；对于同一交易由不同清算机构参与处理的情形，可由清算机构自行协商或者会同支付行业自律组织建立交易信息关联和查询机制；明确成员机构使用交易信息的用途，确保信息使用符合法律法规规定，禁止利用交易信息开展不公平竞争；建立成员机构报文传输行为评估机制，对于存在漏报、错报、伪造交易信息等行为的成员机构，清算机构应当采取限期整改、延迟业务清算、降低业务额度、暂停交易等必要风险防范措施。

（二）交易信息核对。清算机构应当会同收单机构核对交易信息和支付受理终端、特约商户入网信息的一致性，发现支付受理终端序列号、收单机构代码、特约商户编码、交易位置等信息不一致的，应当要求收单机构进行风险排查，并反馈排查结果。对于未按期反馈排查结果的收单机构，清算机构应当采取限期整改、延迟业务清算、降低业务额度、暂停交易等必要风险防范措施，并将有关情况报告收单机构所在地中国人民银行分支机构。

（三）支付受理终端位置监测。收单机构应当运用支付受理终端定位技术，或采取与银行、支付机构、清算机构等为付款人提供付款扫码相关支付服务的机构（以下统称条码支付付款服务机构）开展联合监测等有效措施，监测实体特约商户支付受理终端的实际位置，并核验支付受理终端实际位置与登记布放地理位置（特约商户经营地址）的一致性。清算机构应当制定联合监测相关标准和规则，通过条码支付付款服务机构传输的付款人移动终端位置信息，或其他关于支付受理终端实际位置的推算方式，对支付受理终端位置进行核验。

对于无法确定实际位置，或实际位置与登记布放地理位置（特约商户经营地址）不符的支付受理终端，收单机构应当暂停支付受理终端业务功能，并立即核实；经查实特约商户存在风险的，应当暂停为特约商户提供收单服务；涉嫌违法犯罪的，应当及时向公安机关报案或举报。

（四）专项监测。收单机构应当针对特约商户类型、地域、交易特征等建立健全监测机制，并根据中国人民银行、支付行业自律组织和清算机构发布的风险提示调整监测指标、完善监测模型。对于个人收款条码、使用个人账户作为收单结算账户的特约商户和边境地区支付受理终端，应当进行专项监测。

（五）资金结算监测。清算机构开展支付机构备付金相关业务的，应当结合备付金风险监测工作，对特约商户实际收单结算账户与入网报送收单结算账户信息的一致性、资金结算业务和交易情况的匹配性进行监测。对于特约商户的实际收单结算账户与入网报送收单结算账户不一致、同一特约商户频繁变更收单结算账户、结算资金与交易情况不匹配等可疑情形，清算机构应当要求支付机构进行风险排查，并反馈排查结果。对于未按期反馈排查结果的支付机构，清算机构应当采取限期整改、延迟业务清算、降低业务额度、暂停交易等必要风险防范措施，并将有关情况报告收单机构所在地中国人民银行分支机构。

四、监督管理

（一）中国人民银行分支机构应当切实履行属地监管职责，将本通知执行情况纳入业务检查重点，加大对违法违规行为的处罚力度。凡是涉及跨境赌博、电信网络诈骗等重大犯罪案件的，应当倒查银行、支付机构、清算机构执行本通知规定的情况。

（二）银行、支付机构违反本通知规定，情节轻微的，由中国人民银行责令其限期整改；情节严重或逾期未改正的，按照《中华人民共和国中国人民银行法》有关规定予以处罚，并可以责令清算机构暂停为其提供转接清算服务。

（三）清算机构违反本通知规定，明知或应知成员机构违反本通知规定但未采取相应管理措施，情节轻微的，由中国人民银行责令其限期整改；情节严重或逾期未改正的，按照《中华人民共和国中国人民银行法》有关规定予以处罚。

五、附则

（一）本通知自 2022 年 3 月 1 日起施行。

（二）清算机构应当会同成员机构对照本通知要求，制定存量支付受理终端管理、入网特约商户信息平台、支付受理终端位置监测等相关实施方案，并向中国人民银行报告实施方案及进展情况。

（三）中国支付清算协会应当发挥行业自律作用，按照本通知要求，建立健全相关行业自律规则。

中国人民银行

2021 年 10 月 12 日

中国人民银行有关部门负责人就《中国人民银行关于加强支付受理终端及相关业务管理的通知》答记者问

日前，中国人民银行发布了《中国人民银行关于加强支付受理终端及相关业务管理的通知》（以下简称《通知》）。中国人民银行有关部门负责人就《通知》回答了记者提问。

一、《通知》出台的背景是什么？

支付受理终端涉及支付信息的读取、采集和支付指令的生成，其安全性和合规性对保障支付信息与资金安全具有重要意义。人民银行高度重视支付受理终端相关风险防范工作，先后发布银行卡收单业务、受理终端安全、条码支付业务等系列制度，对维护收单市场秩序、保护社会公众信息与资金安全发挥了积极作用。

与此同时，支付受理终端及相关业务管理也面临一些新问题、新挑战。例如，部分市场主体变造交易的手段不断翻新，通过擅自更改终端交易路由、商户编码、商户名称、交易地址等方式隐藏违规交易，导致交易信息难以还原真实消费场景，不仅侵犯消费者合法权益、引发投诉纠纷，还为不法分子借道转移违法犯罪资金带来可乘之机。还有一些不法分子利用收款条码转移赌资，为跨境赌博活动提供支付通道。为有效提升支付受理终端及相关业务风险管理水平，有力斩断跨境赌博等犯罪“资金链”，保障社会公众利益，人民银行在深入调研、广泛征求各方意见的基础上制定了《通知》。

二、《通知》对银行卡受理终端有哪些管理要求？收单机构、清算机构为什么均需对受理终端进行管理？

《通知》围绕银行卡受理终端全生命周期管理，要求收单机构建立终端序列号与收单机构代码、特约商户编码、特约商户统一社会信用代码、特约商户收单结算账户、银行卡受理终端布放地理位置等五要素关联对应关系，并确保该关联对应关系在支付全流程的一致性和不可篡改性。围绕上述要求，立足支付市场主体不同职责，建立多层次规范机制，形成各司其职、多方共治的管理体系。

一方面，秉承“谁的终端谁负责”，压实收单机构关于收单业务的主体责任。收单机构应建立终端序列号与五要素关联对应关系，受理终端使用期间变更任一要素的，应重新履行相关审核手续。收单机构应采用具备密码识别技术的银行卡受理终端，确保终端发起交易可被准确追溯。

另一方面，秉承“谁的网络谁负责”，压实清算机构关于本网络秩序的维护责任。清算机构应组织成员机构对本网络入网终端进行全面梳理、评估，对不符合通知要求的终端按照风险评级限期清退或升级改造。同时，建立入网银行卡受理终端注册管理平台，会同成员收单机构在终端入网、变更、监测、退出等环节，对终端序列号与五要素关联对应关系进行全生命周期管理。一旦监测发现相关要素与原绑定关系不一致的，清算机构、收单机构应采取风险核查与处置措施，有效防范“移机”“套码”等风险。考虑同一终端可能入网多家清算机构，为避免重复建设，清算机构可自建或委托其他机构代为建立管理平台，但其主体责任不因委托关系而转移。被委托机构范围包括其他清算机构、行业自律组织、第三方专业机构等，具体对象及模式由清算机构自主确定。

三、《通知》对条码支付受理终端提出了哪些管理要求？

《通知》遵循同类业务同等标准的原则，结合条码支付受理终端与传统银行卡受理终端的异同点，对特约商户的条码支付受理终端实施分类管理。对于与传统银行卡受理终端类似，可采集主要支付信息、参与发起支付指令的条码支付受理终端，如卡码复合智能终端等，执行与银行卡受理终端同等的监管要求。对于仅具备条码读取或展示功能、不参与发起支付指令的条码支付辅助受理终端，如扫码枪或盒子、显码设备、静态码牌等，考虑条码支付的普惠性，要求通过建立商户与收单核心要素对应关联关系、加强监测手段等方式强化风险防控。此外，对于不具备定位功能的条码支付辅助受理终端，要求通过付款人的交易位置或其他关于移动终端实际位置的推算方式进行终端交易位置监测，防范终端滥用风险。考虑实施前述监测需收单侧、账户侧机构进行合作衔接，要求由清算机构会同收单侧、账户侧成员机构建立终端位置联合监测标准和规则，在采取加密、去标识化等必要安全技术措施确保信息安全的前提下，共同确定核验频率、标准、模式等操作路径。

四、《通知》如何规范个人收款条码?

近年来，个人收款条码得到广泛运用，有效满足了社会公众的个性化、多样化支付需求，提高了小微经济、地摊经济的资金收付效率。但与此同时，个人收款条码也存在一些风险隐患。例如，部分机构使用个人收款条码转账业务办理大量生产经营、生活消费交易，既混淆了交易性质，导致交易信息失真，影响风险监测效果，也不利于借助支付服务为经营活动赋能增值。还有一些不法分子利用“跑分平台”，以高额收益为饵吸引大量人员使用个人静态收款条码与赌客“点对点”线上远程转移赌资，将赌资分拆隐藏于众多正常交易场景，扰乱了条码支付业务正常秩序，影响了涉赌“资金链”追溯机制的实效。

为在防范风险的前提下更好发挥收款条码的普惠性、便利性，《通知》提出以下针对性要求。一是对具有明显经营特征的个人收款条码用户参照特约商户管理，要求为此类个人用户提供商户收款条码，提升对个人经营者的收单服务质量。二是要求个人静态收款条码原则上禁止用于远程非面对面收款，确有必要的实行白名单管理，以防止个人静态收款条码被出售、出租、出借用于搭建赌博活动线上充值通道。三是对通过截屏、下载等方式保存的个人动态收款条码参照执行个人静态收款条码有关要求，以防止不法分子借助个人动态收款条码规避政策要求。四是要求审慎确定个人静态收款条码白名单准入条件与规模、个人静态收款条码的有效期、使用次数和交易限额，防范白名单滥用风险。

为了确保个人收款条码相关要求有效落地、业务平稳过渡，《通知》设置了过渡期，要求支付服务主体全面、充分评估客户正常支付需求，制定配套服务解决方案，做好客户引导和服务工作，确保服务成本不升、质量不降。

五、《通知》对特约商户管理提出了哪些要求？收单机构、清算机构为什么均需对特约商户进行管理？

特约商户实名制是收单业务的基础性制度，是确保交易真实性、维护收单市场秩序、防范违法犯罪活动的重要保障。《通知》秉承“谁的商户谁负责”，收单机构作为特约商户管理的第一责任主体，应加强对特约商户经营活动合法性、申请收单服务真实意愿的实质性审核，落实对特约商户的持续性管理义务，并进一步明确了商户身份审核方式：对于具有固定经营场所的实体特约商户，要求收单机构应现场核实商户身份；对于网络特约商户、无固定经营场所实体特约商户，考虑到其现场核实难度大、成本高，要求收单机构原则上通过人工或智能客服同步视频等方式核实商户身份。

同时，《通知》立足“谁的网络谁负责”，要求清算机构建立入网特约商户信息平台，并遵循最小必要原则采集特约商户核心入网信息，对成员机构接入本网络的特约商户的真实性、安全性和合法合规性进行必要审慎管理，对成员机构与入网特约商户、支付受理终端的关联关系和收单交易风险进行持续监测。清算机构收集和使用的商户信息限于上述特定目的范围，不得过度收集或使用信息。

六、《通知》对消费者和小微商户有哪些影响？

《通知》总体上有助于更好保护消费者合法权益。一方面，《通知》从多主体、多维度进一步规范支付受理终端与特约商户管理，有利于防范不法分子通过改造支付受理终端、申请虚假商户等手段盗取消费者个人信息，甚至盗用账户资金；另一方面，《通知》要求清算机构完善支付业务报文规则，支持本机构成员机构满足客户必要合理的交易信息查询需求，有利于提升银行、支付机构的对账单、交易信息查询等服务质量，充分保障消费者知情权，减少相关纠纷和投诉。

长远来看，《通知》关于规范个人收款码的相关要求将进一步提升对个人经营者和小微商户的收单服务质量。对于具有明显经营活动特征的个人收款码用户，《通知》要求收单机构参照特约商户管理。个人经营者和小微商户配合收单机构完成商户入网程序之后，收单机构应当按照商户服务标准提供支付服务，按规定建立商户与收单结算账户等要素信息关联对应关系，这有助于从源头防范外包机构挪用资金、大商户“二清”等风险，有助于更好地保障个人经营者和小微商户的资金安全和服务体验。

《中国支付清算》（2022）征订通知

《中国支付清算》是由中国支付清算协会主办、中国金融出版社出版的国家级出版物，以支付清算结算为研究对象，按季出版。自2019年公开出版以来，《中国支付清算》密切关注国内国际支付清算发展的理论成果和改革动态，专业性、理论性、实务性和学术性不断增强，质量不断提升，得到社会各界尤其是会员单位的广泛认可。

《中国支付清算》设有行业聚焦、经济观察、理论研究、政策解读、统计分析、案例研究、国际观察、金融账户、金融工具、金融基础设施、金融监管、金融创新、金融科技、金融标准、金融普惠、数字金融、中小机构、反洗钱、反欺诈、法律探讨、风险管理、经验推介、金融知识、金融译林、金融史话等栏目，每辑栏目根据所刊文章灵活设置。

《中国支付清算》由中国金融出版社出版发行，每册定价40.00元，按年度征订，定价160.00元/年（不含发票邮寄费）。会员单位征订且订购数量10套（含）以上的享受优惠价128.00元/年（不含发票邮寄费）。欢迎会员单位本着自愿原则积极征订。

附件:《中国支付清算》2022年第1—4辑征订单

附件

《中国支付清算》2022年第1—4辑征订单

一、通过传真订单订购

<table>
<tr><td>征订单位全称
（开发票全称）</td><td colspan="7"></td></tr>
<tr><td>收件地址</td><td colspan="7"></td></tr>
<tr><td rowspan="2">邮政编码</td><td rowspan="2"></td><td rowspan="2">收件人</td><td rowspan="2"></td><td rowspan="2">联系电话</td><td>固定电话</td><td colspan="2"></td></tr>
<tr><td>移动电话</td><td colspan="2"></td></tr>
<tr><td>图书单价</td><td>160.00 元/套</td><td>征订套数</td><td></td><td>发票邮费</td><td>25 元</td><td>发票需求</td><td>□普票
□专票</td></tr>
<tr><td colspan="8">注：10 套及以上享受 8 折优惠，合 128 元/套（不含发票邮寄费）</td></tr>
<tr><td rowspan="2">付 款
总 计</td><td colspan="7">人民币（大写）　万　仟　佰　拾　元　角　分整 ¥</td></tr>
<tr><td colspan="7">书款已于　年　月　日　由　银行汇出，付款账号</td></tr>
<tr><td colspan="2" rowspan="4">如需开增值税专用发票，请提供一般纳税人证明并填写相关信息（与税务登记信息一致）</td><td colspan="6">单位名称：</td></tr>
<tr><td colspan="6">纳税人识别号：</td></tr>
<tr><td colspan="6">地址、电话：</td></tr>
<tr><td colspan="6">开户行及账号：</td></tr>
<tr><td colspan="2">留言、备注</td><td colspan="6"></td></tr>
<tr><td colspan="2">提示信息</td><td colspan="6">如需开票（专票、普票），请填写相关信息（与税务登记信息一致）。收到款后方可发书并寄发票。谢谢合作！</td></tr>
</table>

二、订购单位可以通过图书在线系统征订，图书在线征订网址：http：//b1. cfph. cn/，移动客户端请用手机浏览器或微信扫描下面的二维码填写订单

三、移动客户端请用手机浏览器或微信扫描二维码填写订单

四、请将书款按下列信息汇至中国金融出版社有限公司账户，订购单位汇款时请在银行汇款凭证用途栏上填写“订购《中国支付清算2022》套书（共4册）

汇款方式：一律通过银行汇款、不受理邮局汇款

户　　名：中国金融出版社有限公司

开户银行：中国光大银行北京长安支行

账　　号：0835 1812 0100 3040 06660

联系电话：010－63286130；63286083

传　　真：010－63422093

地　　址：北京市丰台区益泽路2号

邮政编码：100071

单　　位：中国金融出版社（第一图书编辑部）

《中国支付清算》征稿启事

《中国支付清算》（按季出版）是由中国支付清算协会主办、中国金融出版社出版发行的、以支付清算结算为研究对象的国家级出版物。《中国支付清算》将授予本书确定的相关学术资源数据库和网站、微信公众号电子版权。凡向《中国支付清算》投稿的作者，视为同意上述授权，本书支付给作者的稿酬已包含上述数据库和微信公众号著作权使用费。

《中国支付清算》设有特约评论、行业聚焦、经济观察、理论研究、政策解读、统计分析、案例研究、国际观察、金融账户、金融工具、金融基础设施、金融监管、金融创新、金融科技、金融标准、金融普惠、反洗钱、法律探讨、风险管理、经验推介、金融知识、金融译林、金融史话、社会责任、基层声音等栏目。每辑栏目根据所录文章灵活设置。

《中国支付清算》紧紧围绕“宣传党中央、国务院经济金融工作部署，跟踪支付清算发展，研究支付清算理论、探讨支付清算实务、促进产业健康发展”的宗旨，密切关注国内国际支付清算发展的理论成果和改革动态，涉及国内外支付服务组织、账户管理、支付工具、金融基础设施、市场监管等主要内容，同时兼顾相关经济金融领域的重要问题，具有较强的专业性、理论性、实务性和学术性。

《中国支付清算》服务支付产业发展，贴近监管和市场，平台高、影响面广。欢迎支付清算行业从业人员、高等院校和研究机构等社会各界人士投稿，思想性强、逻辑严密、写作规范的稿件优先编发，并择优在中国支付清算论坛支付清算学术研讨会上介绍交流；在征得作者同意的前提下，通过专门工作机制择优向英国《支付战略与体系》期刊（*Journal of Payments Strategy & Systems*，JPSS，英国亨利·斯图尔特出版社出版的银行和金融业系列刊物之一）推荐。

为规范《中国支付清算》用稿，提高编辑质量和效率，请投稿者务必遵守《〈中国支付清算〉稿件要求和体例》。本书只接受电子版投稿，投稿邮箱为：huikanzhuanyong@ pcac. org. cn。投稿文档请按如下格式标明，并同时标注于邮件主题上："投稿日期_作者_文章名"。

投稿文章须为原创作品，文责自负。凡投寄本书的稿件，请务必注明参考文献。翻译稿件请务必获得原作者授权并注明出处。请勿一稿多投，严禁抄袭，查重率不得高于10%。投稿后三个月内未收到用稿反馈的，可自行处理。在编辑出版过程中，如遇到他书（刊）采用的，请作者及时告知，以免造成重复编发。

投稿者还可关注中国支付清算协会官方网站（http：//www. pcac. org. cn）和微信公众号（中国支付清算协会），获取中国支付清算协会和《中国支付清算》的出版资讯、学术活动、征稿主题等相关信息。